FREEDOM REGAINED

The Possibility of Free Will

JULIAN BAGGINI

U0030005

專文推薦

哲學的功用必須以人爲本，以認識自己爲努力起點

苑舉正

本書的書名，問了一個令人感到非常驚訝的問題。這個問題的核心，在於你真的認識自己嗎？所有學過西洋哲學史的人都知道，「認識自己」是西方從蘇格拉底開始，一直不斷探討的哲學問題。

這本書不但探討哲學最長久的問題，也是最困難的。作者在論述這個問題的過程中，展現了他的企圖心，想要在科學的世界中為人類的自由意志找到一個重新定位的可能性。這是一項非常重要的企圖，因為縱使自由意志的討論可以從不同的觀點解讀，但是沒有自由意志的社會，代表了我們所做所為都是不得不的結果；這個結果對於道德社會而言，有致命的衝擊。

人類傳統社會面臨最大的挑戰，就是科學的普及。在科學普及的過程當中，許多哲學的理念，尤其是形上學概念，都在科學唯物論的解釋中，自動退位。德國科

學家康德曾經說過，道德理論之所以可能，必須預設三個形上概念：上帝存在、靈魂不滅與自由意志。在這三個形上概念中，前兩者早已在科學權威前失去說服力，但自由意志並不是這麼容易就被打倒的。

每一個人都有討論自由意志的權威，因為所有的人都可以感覺的到自己在行動中，經歷過各式判斷、選擇與行動。不但如此，絕大多數人在行動中，都會直覺地認為自己是自由的。基於這項理由，當我們做出行動後，會針對結果做出好壞優劣的判斷；好的則嘉許鼓勵，壞的則要求負責。這就是道德社會的基礎。

然而，在科學的影響下，尤其是神經學與遺傳學的進步，有越來越多的人發覺，人就如同其他生物一般，同樣服膺於演化的規則，受到基因遺傳的影響，甚至根本就是一台複雜的機器而已。在這一台複雜的機器中，大腦的運作只是高級的齒輪，行為的產生是因果相循的結果。

我們在行動時，意識中出現的好壞感覺，在科學理論看來，只是伴隨著想要做事情的欲望出現的副作用，本身並不足以決定我們要做什麼的價值。總而言之，行動是因果的，人是機械的，而意識是不存在的。

這種認知是典型的科學唯物觀，它並不具有絕對的確定性，但是在科學的成就當中，越來越多人傾向於接受這個觀點。本書作者的主要目的，就是想要在這一股科學唯物論的氛圍中，重新檢視我們對於自由意志的認知，並且從很深刻的角度指出，這個認知是錯誤的。

因為這個緣故，所以本書的章節形成了像連續劇一般的脈絡。首先是自由意志受到科學唯物論的威脅，然後是神經學與遺傳學的偏激立場讓我們喪失自由意志。接著，作者又以藝術家創作以及異議人士追求言論自由為例，強調自由意志的討論，並不僅限於科學世界，也必須正視它是人倫世界中的一種期待。然後，在第四部，作者強調，許多人認為這種期待有可能因為疾病與毒品的影響而被削弱。但是作者最後表明，自由意志是一個透過哲學論述可以釐清的觀念。

整體而言，自由意志的討論之所以重要，基於如下三個理由：認知錯誤、社會道德與哲學論述。

首先，大多數人對於自由意志的討論，以為問題的核心在於我們有沒有自由意志。作者認為，這是認知上的錯誤。自由意志確實存在，但是在不同情況中，自由意志出現不同程度的展示，萬萬不可以從有無的零和角度，看待自由意志的存在。但一般人犯了如下錯誤：以為世界，包含所有人，都是機器，因而無論我們在行動的過程中感覺多麼自由，其實意識中的判斷與選擇都是假的，自由意志不存在。

本書以深具原創性的方式告訴我們，一個受前因後果所影響的決定，並不代表行動者沒有自由。從回顧的角度而言，所有我所做的行動可以用因果關係聯繫在一起，但就我個人而言，一直是「我」不斷地在有限的選擇中做判斷。集結這些判斷的結果，不但顯示了我的自由意志，也展現「我」作為一個主體的統合角色。是「我」，讓這一連串的行動集結為一個整體，而這個整體大於所有一連串因果相連之個別行動的總和。

其次，人的世界是由多重面向所構成的世界。在這個世界中，除了科學之外，還有政治、教育、藝術、宗教等其他面向。在這些非科學的領域中，它們都對我們的生活提供了各種不同的選項，其中最重要的就是道德的規範性。道德社會是人的存在條件，沒有它等於失去了作為人的基本內涵。

反之，科學唯物論的觀點，說行動不是自由的，所以人對行為結果沒有責任，連帶地使得道德社會成為虛幻的。這是違反人性的觀點。我們想，在一個沒有自由，所有行動都只是發生的事件，卻沒有好壞、對錯、優劣與高下的社會中，這會是一個人的世界嗎？即使科學的論述強而有力地提出自由意志不存在的可能性，我們也有義務讓自由意志能夠合理存在於這個處處以科學為主，但也包含許多其他面向的當代社會之中。樂於接受這項義務，就是自由意志的體現。

體現自由意志有賴哲學論述的提升，而這一點是本書最大的特色。自由意志與決定論是哲學中存在已久的爭議，但是這個爭議本身犯了一個錯誤：誤以為我們知道自由意志是什麼。沒錯，自由意志存在，至少你我都可以感覺到它，但我們卻無法告訴任何人，自由意志是一個長得像什麼，或是什麼的事實。這種知道某樣東西存在卻不能夠以事實呈現它的經驗，在人生中屢見不鮮，愛情就是一例，自由意志也是。

不但如此，所有的理念都面對了這種沒有辦法被清晰定義的情況，但我們經常以事實的方式來陳述它；自由意志就是這種感覺。那麼作者不禁要問，人擁有這種不能被定義的感覺，是好是壞呢？回答這個問題，作者突顯了本書最重要的一部分，就是人人擁有這種感覺。對於科學論者而言，這不是好答案，但在自由意志的討論中，我們所訴求的不僅是科學，也要顧及所有人的直覺。作者從哲學論述，轉而支持非哲學家的認知，是本書中最積極、樂觀以及值得期待的重點。

我認為，在哲學論述中，作者以非常細膩的手法，提高了哲學論述的空間，讓我們發覺，象牙塔式的思考，並不足以真正為這個人倫社會的進步提供更明確的道路。哲學家不但要勇於思辨，也要能夠以社會為念，在提出論述時，必須以人倫為最根本的訴求。我在閱讀本書的過程中，跟隨作者在論述自由意志的步伐裡，看到了科技與人文的對話，想到自己與他人之間的互動，驚覺哲學的功用必須以人為本，以認識自己做為努力的起點。

基於以上所述，我向大家鄭重推薦本書，也期待所有讀者能夠在閱讀本書中，發現自由意志這個題目所牽涉的範圍絕不僅於哲學，而是社會中最關鍵的部分。

本文作者為國立台灣大學哲學系教授

從科學的千軍萬馬中，搶救自由意志

冀劍制

如果你是一位哲學教師，正準備上哲學系大一新生的第一堂課，現有兩種教材可供選擇：第一，是震撼教育，讓學生發現一些令他感到震驚的想法。第二，是興趣教育，讓學生覺得哲學很有趣。你會選擇哪一種？

現在，我選擇後者。但剛開始教書時，我選擇前者。

首先，問一個問題：「無論是紙牌、星座、求籤、卜卦等等，有沒有人沒算過命？像是何時會結婚、對象大概是怎樣，以及未來事業是否會成功？」這個問題，基本上不太會有人舉手，就算有，也只有零星一、兩位，而且還會被我投以懷疑的眼光。

第二個問題：「有沒有人在算命時，認為算命是絕對不可能的？算得好不會開心，算不好也不會擔心？」

針對這個問題，也很少會有人舉手。那麼，緊接著下一個問題：

「所以，算命有可能嗎？是否可能存在一種真的可以用來算命的算命術？無論這種算命術是否已經存在，有可能嗎？或者，是否有可能存在一種人，真的有算命的能力？」

或許，大多數同學對算命抱持半信半疑的態度，但秉持著一種「凡事都有可能」的精神，所以多數認為有可能。

下一個問題也很簡單：「你相信人有『自由意志』嗎？也就是人真的具有可以做選擇的能力？」

當然，很多事情是無法選擇的，就像本書作者巴吉尼所說，「你無法廢除日內瓦公約，或一躍就能上月球。」但在能力範圍內，雖然會受到許多因素干擾，但基本上還是有選擇的能力。例如，你至少可以選擇坐下時要不要蹺腳。

針對這個問題，除了上課在想別的事情，或是有被害妄想症而總是不願舉手的，大概所有同學都會舉手贊成。

然後麻煩來了，我說：「這兩個問題，我都不知道答案，但可以確定的是，這兩件事，你不能都贊同，因為它們基本上是互相衝突的。如果人有自由意志，針對自由意志能力範圍內的事情來說，未來是不可預測的，所以也不可能存在一種算命術或是算命師真的可以預言未來。所以，兩者你最多只能選擇一個。」

說到這裡，對於反思力較強的學生來說，會產生某種程度的震撼力，因為這表示我們的思考中竟然存在著矛盾而不自知。然而，故事還沒結束。

下一個問題：「你要選擇『算命術』或是『自由意志』呢？」

針對這個問題，幾乎所有人都會選擇自由意志。這一點並不意外，因為自由意志的存在實在太過符合直覺了，我們每天都在做選擇，選對了感到快樂，選錯了感到懊惱，對於這麼貼近生活的事實，要反對它簡直是痴人說夢。

下一題，是個猜謎遊戲：「有一樣東西，你平時很信賴它，但它卻跟自由意志衝突，這兩個你也只能選一個，誰知道是什麼？」

這個問題問了很多年，也有很多學生嘗試回答，但從來沒有人答對過。而且許多同學提出疑問，「真有這種東西嗎？」

這時我會給出提示：「如果有一天你聽到某個知名學者在演講時說，經由觀察與計算，某顆慧星將在某一天出現在夜空中，你會相信嗎？」基本上多數人會相信。

然後我會接著問，「你們會相信是因為覺得科學值得信賴，但是如果你相信當今科學，就不能相信自由意志，因為它們互相衝突。那麼，你要相信哪一個？」

通常，這裡會引發思想上的震撼。人們在此將面臨難以取捨的困境？因為兩者似乎都有難以捨棄的可信賴性。放棄任何一樣，都會對人生的思考產生重大的影響。有了自由意志，表示當今科學的世界觀是錯的；如果沒有自由意志，一切對於犯罪的處罰與道德的譴責都是錯的。這個難題引爆了科學以及哲學上關於自由意志的研究與論辯。

雖然這個問題脈絡龐大複雜，局外人難以一窺奧祕，但所幸哲普聖手巴吉尼妙筆揮灑，寫下這本書，它將帶領你從頭至尾，清清楚楚參觀這場思想上的重大戰役。

首先，本書從大家認為理所當然，看起來明顯為真的自由意志出發，在深度思考的挖掘中，動搖它的地基，以及在各種科學理論崛起的新思維中，發現自由意志的脆弱本性，以致於形成當今許多人「選擇」不相信自由意志的奇特現象。然而，在科學的千軍萬馬中，巴吉尼藉由藝術家之手，尋找自由意志的可能性。那麼，他成功了嗎？他能找到的，究竟是哪一種自由？我們究竟可以確定具有哪些自由？又確定不具有哪些自由？而又有什麼樣的自由，仍是謎團？另外，算命（以及可預測未來的神或惡魔）與自由意志之間、自由意志與科學之間，是否仍存在相容的契機？

巴吉尼認為，人們在自由意志的思考中陷入八大迷思，如果可以破除這八大迷思，我們將能獲得一些共識，讓某種類型的自由意志成為可能。這些迷思包含了上面談論到的「如果自由意志存在，未來就不能被預測」，他認為這是錯的。同意嗎？你可以試著搭乘這班巴吉尼思想列車，自行瀏覽與評斷。

跳脫這些惱人的推理，回到實際的日常生活中，我們該如何面對自由意志的問題呢？

話說有一天，有個學生一副很開心的模樣跑來找我，他說剛讀了關於自由意志的理論，認為自由意志是不存在的。

我很好奇有人會因為「自由意志不存在」而感到高興，想了一想，開玩笑說：「是不是因為你很沒意志力，做什麼決定都失敗，所以如果自由意志不存在，那你的失敗就都是注定的，不用感到懊惱，是這樣嗎？」

他笑著回答說：「沒錯！」（怎麼這麼坦白啊！）

但我回答：「雖然這會讓你開心，但我不要跟不相信自由意志的人做朋友。」

「為什麼？」

「因為，如果你是錯的，那你明明有自由意志卻選擇相信沒有自由意志，這樣的人不值得交朋友。然而，萬一你是對的，則一切都是注定的，那我就注定不會跟你做朋友。」

「另外，」我補充說：「你選擇自由意志不存在，這個選擇不可能是『正確的選擇』，而我選擇相信自由意志存在，這個選擇卻不可能是『錯誤的選擇』。因為，如果自由意志真的不存在，就沒有真正的『選擇』，但如果自由意志確實存在，則我的選擇是對的，而你是錯的。」

所以，雖然我仍然無法證明自由意志存在，但依據這個理由，我做了這樣的選擇。那麼，你是否同意這是一個聰明的選擇呢？然而，這樣的思考，是否也陷入了巴吉尼所主張的八大迷思之中？

開啟你的思路，一起加入這場哲學難題的探索之旅吧！

本文作者為華梵大學哲學系教授

專文推薦

自由意志：抽象問題與務實說明

朱家安

在眾多哲學問題當中，自由意志是「就算不刻意讀哲學，也有可能忽然浮現你心裡」的那種：在寫這篇推薦序時，我選擇用「在眾多哲學問題當中」開頭，我滿確定這是我自己選的，我甚至有辦法花五分鐘跟你說明為什麼我認為它是好的開頭，但就算這樣，我真的能說它是我「出於自由意志」的選擇嗎？

「當然是啊！」你可能會忍不住替我這樣講，畢竟我對自己的文章有操控權：假若我當初決定不這樣開頭，我就不會這樣開頭。

然而，這個假設性的說法要有意義，似乎也得要我能夠決定不這樣開頭才行。然而，我真的能夠決定不這樣開頭嗎？時光回溯到我思量本文第一個句子的那個瞬間，如果所有條件都保持不變，我真的有可能做出不一樣的選擇嗎？

「可以吧，假若你當初認為另外一個句子比較適合拿來開頭，你就會選另外一個句子了呀！」確實，但是「認為另外一個句子比較適合拿來開頭」本身就改變了當初的條件，不是嗎？畢竟我當初就是認為這個句子最適合，才選它的。

我們現在面對的，可以說是一個小規模的決定論（determinism）。決定論主張，宇宙的每個狀態都被前一刻的狀態所決定，就像我會選擇什麼樣的文章開頭，是受到我下筆時的心理狀態決定一樣。如果決定論成立，不管時光回溯重來幾次，我都會寫出一模一樣的文章開頭、不管時光回溯重來幾次——即使回溯到宇宙誕生那個瞬間也一樣——世界的歷史都會照樣重演。

然而，如果我的選擇最終決定於我的心理狀態，我的心理狀態最終決定於我的成長背景和基因，我的成長背景和基因最終決定於……以致於不管時光回溯重來幾次，我都會做出一模一樣的決定，那麼，我還能說此決定是出於我的自由意志嗎？

上面這種決定論的想法，反映了人對於自然定律的信心：有些人相信，世界完整的狀態加上全部的自然定律，就可以充分決定世界接下來的狀態。當然也有人不這樣想，他們可能認為說，自然定律並沒有充分決定的力道，或者說有一些隨機的成分。在這種「非決定論」（indeterminism）的觀點底下，若把時光回溯個一百次，或許真的有那麼幾次，我會選擇不一樣的句子來為這篇文章開頭。

然而，這是否就代表我是出於自由意志選擇了文章開頭？在「非決定論」底下，基於隨機因素，即便從相同的條件（心理狀態）出發，我還是有可能遇上不同結果。但是，若我要說自己的自由意志就是來自於這些細小的隨機性，似乎又有點奇怪。特別是我們可能會考慮到：就如同我無法控制自然律去改變事情的結果一樣，我也無法控制這些處於自然定律夾縫中的隨機性。

這就是自由意志議題當中，難解的問題之一：如果這個世界不具備隨機性，我們難以理解為什麼自己可以一面被自然定律決定，一面具有自由意志；然而，如果這個世界具備隨機性，我們也難以想像，為什麼隨機性足以「撐起」我們期待的自由意志。

面對這個難題，以及其他直接或間接伴隨而來的問題，自由意志學者的解決方案非常多樣。有些人認為不管怎樣人都有自由意志；有些人認為自由意志必須以某種隨機性為前提；有些人認為自由意志最終是自我矛盾的概念。一般教科書介紹自由意志時，通常會把各種自由意志理

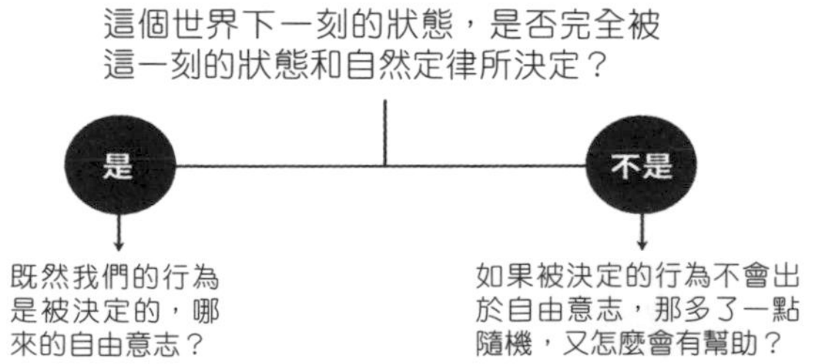
這個世界下一刻的狀態，是否完全被
這一刻的狀態和自然定律所決定？
是
不是
既然我們的行為
是被決定的，哪
來的自由意志？
如果被決定的行為不會出
於自由意志，那多了一點
隨機，又怎麼會有幫助？

自由意志最有名的兩難之一：不管決定論是否成立，人似乎都很難有自由意志

論明確地分門別類整理，並互相比較。巴吉尼不採用這種做法，而是從複數案例出發娓娓道來，為各種論點鋪陳完整的背景，再讓它們以更自然的姿態出現。學術人可能會抱怨這種寫作策略不夠直接，但在我看來，這或許更能讓沒有背景的讀者體會各種理論背後的動機和獨特性。以此看來，巴吉尼的這部作品，可說是對極抽象的問題，進行了非常務實的說明。

在這本書裡，你沒辦法從目錄直接找到各種自由意志主要理論的名字，但會在一個又一個的現實故事、科學案例承接中，發現這些理論背後的理由，以及它們的要害。在書末，巴吉尼也說明了他對自由意志問題的回應：關於自由意志存在與否的陳述，是一種「裁量的真理」。「裁量的真理」能在多大程度上解決自由意志的爭議呢？翻開下一頁吧！

本文作者致力於台灣的哲學普及，著有輕鬆的哲學書《哲學哲學雞蛋糕》，以及同性婚姻的論點分析書《護家盟不萌？》，人稱「哲學雞蛋糕老闆」

我承認各界已經對這場爭論提出詳盡的看法，哲學家彷彿墜入詭辯的迷宮，遍尋不著出路，無怪乎即使是通情達理的讀者也寧可耽於安逸，對於這個問題充耳不聞，因為他們知道從中不僅得不到教誨，也得不到娛樂。

——大衛．休謨，《人類理解研究》

來吧，過來吧（我說），證明你提出的關於人性虛榮與謊言的道理是真的。

——馬丁．路德，《被奴役的意志》

目錄

做卻不合邏輯。

3 遺傳學家 99
在做選擇的那一刻，我們無法做出不同的決定，是因為我們只能是自己，我們無法做出不是自己的決定。因此認為我們可以自由地做任何事，是沒有意義的。選擇者的本質是決定他能選擇什麼的關鍵：我們是誰決定了我們做什麼。

第三部 重獲自由 131

4 藝術家 133
藝術家幫助我們理解，自由指的是由你選擇，無論這個選擇源自意識或潛意識。自由指的不是不受先天、後天與社會的影響，也不是無中生有。自由的選擇指的是個人必須透過選擇而產生貢獻，即使做出貢獻的能力就某種意義來說是先天與過去經驗的結果

5 異議人士 153
自由指擁有自己的決定、行動、信仰與價值。我們越能遵從自己的意志，走在自己設定的路線上，我們就比遵從他人的意志，走在他人設定的路線上來得自由。

目錄

為既然他已經知道，又何必尋求；他無法尋求他不知道的，因為他不知道他要尋求什麼。

9 侍者 285

我支持的現實的自由意志觀點，是在適當的人類尺度下理解自由的觀念。這個觀點走在相信人類是不受束縛的、完全自由的行動者的傲慢心態，與相信人類只是自然律的傀儡的宿命論之間。迷思與幻覺環繞著自由意志，但自由意志本身絕不是幻覺。自由意志就像我們感覺自己已經準備好要做決定一樣真實。

致謝 300

導論

生活中存在著各種失之交臂的可能。無數的選擇構成了人生道路的分岔口，一旦走上了就難以回頭：高中畢業就好，還是要繼續念大學？維持一段關係，還是分手更好？生兒育女好，還是頂客族好？接受新工作，還是繼續跟熟悉的魔鬼打交道？搭火車或坐公車？但你不知道哪一種可能會讓你喪命。現在，你可以選擇去做許多其他的事，而不是坐在這裡閱讀這些內容。或者你可能看了一會兒便覺得無趣，於是拿起另一本書來看，或者出去散散步，又或者打開電視。

我們每天都會做出無數大大小小的選擇。即使你是習慣性的動物，也不可能一成不變。也許你每天早上醒來都得喝杯咖啡提神，不過哪天你說不定想要改喝茶。當然，你不可能想做什麼就做什麼。你無法廢除日內瓦公約，或一躍就能上月球。儘管如此，撇開極其困難或生理上不可能做到的事，你可以選擇的事情還是很多。在一定的範圍內，你依然是隨心所欲的。

這是顯然的事實，甚至可以說是陳腔濫調。然而，自從人類開始進行哲學思索，便有人反對這樣的說法。隨著科學發展臻於成熟，越來越多人相信自由意志不過是一種幻覺。看看過去數百年來偉大科學家的作品，你會不由得相信科學確實已經否定了自由意志的存在。達爾文表示：「自然界一切事物都是固定法則的結果。」既然人類是自然的一部分，我們的行為當然也是自然律的結果，無關乎個人的意志。[1]一九二九年，愛因斯坦以更強烈的語氣說道：「所有的事物，從開始到終了，全受制於我們無法掌控的力量。不管是人類、植物，還是宇宙星塵，都在遙不可見的風笛手所吹奏的神祕旋律下起舞。」[2]二十年後，他的想法還是沒有改變。「從哲學的意義來說，我完全不相信人類是自由的。」[3]

更近期的史蒂芬・霍金（Stephen Hawking）寫道：「宇宙最初的型態若不是上帝選定，就是由科學定律決定。而無論何種狀況，宇宙間一切事物都是由科學定律下的演化所決定，因此很難說我們是自身命運的主宰。」[4]而最驚世駭俗者莫過理查・道金斯（Richard Dawkins），他形容人類是「求生機器，暗地裡被輸入某些程式，目的在保存那些名叫基因的自私分子」。[5]

近年來，這類觀點已逐漸成為主流。神經科學的成果又進一步壯大反自由意志

1 Nora Barlow (ed.), *The Autobiography of Charles Darwin 1809-1882* (Collins, 1958), p.87.
2 一九二九年訪談，見 Ronald W. Clark, *Einstein: The Life and Times* (HarperCollins, 1984), p.422。
3 Albert Einstein, *The World as I See It* (Filiquarian Publishing, 2006), p.12.
4 Stephen Hawking, *Black Holes and Baby Universes and Other Essays* (Bantam, 1994), p.116.
5 Richard Dawkins, *The Selfish Gene* (Oxford University Press, 1976), p.v.

者的聲勢。人類行動的源頭不是有意識的思想、欲望與意圖，而是腦子裡無意識的過程；這種過程甚至在我們尚未察覺之前，就已經為我們設定好行動。近來反自由意志最力的神經科學家山姆．哈里斯（Sam Harris）總結說：「自由意志的一般概念立基於兩項假設：一、每個人過去的一切作為，原本都可以有不同的選擇；二、我們自己其實是我們當下大多數的想法與行動的有意識的源頭。」[6]而由於這兩項假定都禁不起科學檢驗，因此自由意志不存在，或者至少是自由意志的「一般概念」不成立。

「自由意志是一種幻覺」，這句話已經成為想當然耳的普遍主張。但即便是支持者也坦承，自由的幻想實在太過強烈，就算否認自由的存在，對我們日常生活的行動依然沒有太大影響。每個人都**覺得**自己有自由意志，儘管仔細思考後又好像沒有。不過這個嶄新的正統派主張，對於世界也不是毫無影響。最重要的是，它挑戰了我們的責任觀念。如果我們接受一切的行動都是由我們無法控制的原因所造成的不可避免的結果，那麼我們如何理直氣壯地要求大家必須為自己的行動負起道德責任。如果自由意志不存在，那麼指責與責任必然也不存在，這樣一來法律與道德的基礎也將蕩然無存。舉例來說，每當謀殺案發生時，一定會有人辯解說殺人犯也是

6 Sam Harris, *Free Will* (Free Press, 2012), p.6.

受害者，因為他無法控制自己的行為。一九八四年，名叫詹姆斯・赫伯帝（James Huberty）的男子在聖地牙哥亂槍掃射造成二十一人死亡，辯方主張槍手之所以如此憤怒，是因為吃了太多含有味精的麥當勞食物，以及擔任焊工時吸入含有鉛與鎘的煙霧。

所以，自由意志真的玩完了嗎？我跟其他許多比我優秀的人都不這麼認為。然而，一般的自由意志觀點確實有說不通的地方。這些觀點建立在天真又過分簡單的假設上，以為人類可以掙脫生物與歷史的限制，在無條件的自由下做出選擇。自由意志面臨諸多質疑，但我們不能因此就完全否定它的存在，而是要更審慎地思考自由的意涵，放棄那些過於簡單的假定。

自由意志的爭議具有迫切的社會與政治重要性。一方面，有些人認為，人們很容易把問題推給社會、基因、成長過程或腦袋，而不願意為自己的行為負責。因此在一九九三年，當時的英國首相約翰・梅傑（John Major）說了：「我們的社會需要多一點指責，少一點體諒。」[7]這種觀點促使政府採取刪減福利與國家補助的公共政策，倡議以嚴刑峻法取代憐憫同情的刑事政策。在此同時，其他趨勢則強調，人的命運是受到先天與後天的共同影響。二〇一一年，一份重要的政府報告指出，「證據顯示，孩子早年的經驗將強烈影響其往後的人生，不論健康與社會行為，就業與教育程度。最近的神經科學研究也發現，孩子在三歲之前的經驗，對日後的人生影響尤甚。」[8]

許多政府也支持「推力」（nudge）理論，認為可以設計一套制度與流程，讓民眾在不知不覺間做出正確的事，毋須經過有意識的思考。這涉及了許多小規模的操弄，繞過意識的控制。舉例來說，告訴民眾「十個人當中有九個會準時繳稅」，將會讓民眾更願意準時繳稅，原因不在於人們會依據資訊有意識地改變自己的行為，只不過是因為「人很容易受到周遭的人影響」。[9]

種種主張實在讓人無所適從。一方面，我們認為必須鼓勵一般民眾有責任感，這樣他們才會妥善運用自己的自由。另一方面，越來越多資訊顯示，我們完全受制於自己的基因、童年與環境，所以自由意志只是一種幻想。我們被這兩股力量拉扯著，導致腦袋混沌，行為也矛盾。

幸運的是，我認為我們手中已經握有各種工具，足供我們重建一種改良式的自

7《星期日郵報》訪談，21 February 1993。

8 Clare Tickell, 'The Early Years: Foundations for life, health and learning: An Independent Report on the Early Years Foundation Stage to Her Majesty's Government' (Department for Education, 2011) p.8. www.gov.uk/government/uploads/system/uploads/attachment_data/file/180919/DFE-00177-2011.pdf

9 'Behavioural Insight Team Paper on Fraud, Error and Debt'(Cabinet Office, 2012), p.16. www.gov.uk/government/publications/fraud-error-and-debt-behavioural-insights-team-paper

由意志。

自由意志是哲學史上討論最多、爭議最大，且留下最多寫作資料的主題。好處是，許多重要地標都已經被揭露與描述，而且有詳盡的分析。壞處是，標示這些地標的地圖是從古到今往復辯難留下的混亂結果，只有學院人士才有辦法按圖索驥。我的目標不在於增添新發現，而是要重新繪製這張地圖，凸顯其中的地標與路徑，讓今日的尋路人獲得最大的幫助。

我的路徑可以分成五個階段。一開始，我會簡短、選擇性地說明自由意志在西方哲學史上曾經面臨的各項挑戰，從而確立亙古不變的核心主題。這將提供一個必要的理論背景，讓我們可以檢視當代科學對自由意志造成的主要威脅。然後我會回歸基本，說明在人類經驗中自由的意義為何，而不是照本宣科把教科書裡對自由的定義再說一遍。接著，我會討論一些自由遭到危害的例子，藉此顯示自由意志其實不是問題，真正的重點在於我們實際上擁有多少自由。最後，我會總結所有論點，提出什麼才是值得我們追求的自由。

思想實驗通常對哲學推論極有幫助，在本書中，我也運用了一些思想實驗。但我漸漸認為，如果現實世界有更具啟發性的例子，一味仰賴思想實驗並非明智之舉。以自由意志來說，當我們思考自由的限制以及所面臨的威脅時，倒是有幾個活生生的例子可以觀察。在我訪查的四種類型中，藝術家與異議人士是自由的典範，而成癮者與精神病患則是自由遭到剝奪的明證。

哲學家索爾・斯米蘭斯基（Saul Smilansky）告訴我的這段話，的確反映了許多人的心聲：「在自由意志的脈絡下，這是一個事關重大的課題；它是個大哉問。像懲罰與自尊自重的觀念；社會實踐與人際互動的理由；我們如何看待自己，以及我們如何看待別人，無論是出於欣賞或尊敬。」的確事關重大。這是為什麼我們不能侷限在既有的自由意志觀點上。自由意志與一般人所想的不同，也與許多人期望的不同。我想要顯示的是，自由意志絕非一般人所想的那樣，人們不應期望不可能存在與充滿矛盾的自由意志。相反的，我們能夠擁有的自由意志，不僅值得我們期待，也值得我們努力去實現。

第一部

受威脅的自由

可能性是廉價的；真實性是昂貴的。提出各種解釋，卻不需要提出任何確實依據，天底下沒有比這個更輕鬆的事了。——Tamler Sommers

01 惡魔

想了解自由意志是什麼，以及自由意志為什麼遭受威脅，我們不能只限於理論爭辯，還必須將眼光望向現實世界。但在此之前，我們必須先認識那些紙上談兵的哲學論證，因為正是這些論證讓自由意志的爭論延燒至今。最佳的起點可以追溯到兩百年前，當時的法國數學家拉普拉斯（Pierre-Simon Laplace）問道，如果有個廣大浩瀚的智能，知道一切的自然律與宇宙間一切物體的狀態，那會如何？答案很明顯：這個智能會跟上帝一樣無所不知，不僅知道過去發生的一切，也知道未來即將發生的一切。

「我們以為眼前的宇宙是過去宇宙的果與未來宇宙的因，」拉普拉斯寫道：

在某個時刻，某個智能知道推動自然運轉的一切力量，以及組成自然的所有構成物質。如果這個智能浩瀚到足以分析所有資料，那麼它將可以用一道簡單的公式，道盡宇宙間最大天體與最小原子的運行；如果真的存在這樣的智能，那麼萬事萬物都將確然無疑，未來就跟過去一樣展現在它眼前。[1]

這個智能以「拉普拉斯的惡魔」此稱號為人所知。自從拉普拉斯提出這項假設之後，哲學家莫不對於隨之而來的主張提心吊膽。這個推論過程其實很容易理解，只是結論無可避免會讓人感到不安：如果物質宇宙中發生的每一件事，都是在此之前的物質因果所造成的結果，那麼最終我所做的每一件事，必定是之前的物質因果的結果。我說的與做的每一件事，都是由我腦子裡的事件引發，而我腦子裡的事件又是由我過去的其他事件引發。自由意志消失了。我的行為或許跟天氣一樣有點難以預測，有時看起來反覆無常，但它只是物質的運動與物理定律的彰顯。

拉普拉斯針對自由意志所做的思想實驗，主要意涵很容易被誤解。許多人以為當中最重要的元素，是未來的可預測性。若真是如此，自由意志將受到挑戰。如果能百分之百精準預測接下來將發生什麼事，那麼自由將無用武之地，更甭說能做出

1 Pierre-Simon Laplace, ‘A Philosophical Essay on Probabilities’ (1814).

任何改變。

然而，可預測性並不像許多人以為的，會對自由意志構成威脅。要了解這一點，可以從上帝的全知會破壞自由意志這個論點說起。如果上帝知道過去、現在與未來的一切，那麼祂一定清楚你要做的每一件事。這似乎暗示未來早已注定，無論你怎麼做都無法改變未來。而如果你沒辦法改變未來，表示你沒有自由意志。

我認為這個推論是錯的。上帝充其量也只是知道未來的事，祂知道你會自由地做出何種選擇。這跟上帝回顧過去，知道你曾自由地做出何種選擇，兩者基本上並無不同。上帝的全知使祂有能力在時間上任意跳躍，這不必然會推論說未來早已確定。早在西元四世紀，奧古斯丁（Augustine）就說了：「雖然上帝預知我們未來想做什麼，並不表示我們不是根據自己的意志做出決定。上帝預知你會做什麼決定，不表示你的意志毋須負責……或你不擁有意志。」[2]

對此說法的明顯反證是，如果上帝知道你明天要做什麼，那麼某種意義來說，這表示明天將發生的一切早已確定，自由意志派不上用場。但我認為，這裡的「確定」兩字容有模糊空間。如果我們認為過去、現在、未來都只有一個，那麼一旦我們做了任何事，歷史就會確定下來。然而，正如我們認為事情存在著各種可能，我

2 Augustine, 'On Free Choice of the Will' in Derk Pereboom (ed.), *Free Will* (Hackett, 2009), p.32.

們不會相信過去發生的事都是被設定好的。我們與上帝唯一不同的地方，在於上帝可以把時間快轉，看看未來會發生什麼事；祂也可以倒轉時間，看看過去曾發生什麼事。當然，這裡只有一捲錄影帶可供上帝快轉，因此未來看起來是「確定」的。然而，正如倒轉可以讓我們看到過去的人自由做出了什麼樣的選擇（儘管只有一捲錄影帶，他們做的選擇也只有一個），快轉也可以讓我們看到未來的人自由做出了什麼選擇（儘管他們最終做的選擇也只有一個）。

簡言之，事情存在著各種可能，但實際發生的只有一種。所謂看到未來，是看到實際發生的一連串事件。我們不會因此認為自由意志並未影響過去與未來。

雖然我對自己的論點有信心，但對於不相信全知上帝的人來說，這個論點起不了多少作用。（相信全知上帝的人可能會思考，即使是神啟的內容也提到我們至少擁有一些自由選擇，因此認為上帝存在使自由意志不可能的觀點，肯定有問題。）對於那些相信自然世界是自己形成的，並無超自然力量存在的自然主義者（naturalist）來說，還有比可預測性更重要的事，那就是自然律是否**決定**了未來會發生的事。就這一點而言，自然主義者的自由意志妖魔就跟有神論者的全知上帝一樣虛假，而它的名稱叫做決定論（determinism）。

上帝確實擲了骰子

基本上決定論以為拉普拉斯的惡魔在理論上是可能的。我們對事物的認識不足以精確地預測未來，但宇宙本質上就像一部機器，依據不可逆的定律運轉著。這表示所有事物都必須根據這些定律才能發生。用一個有點過時的圖像來形容，原子彼此碰撞、連結、排斥和吸引，我們看見的一切事物，從野草生長到作曲家譜曲，實際上都是物質間彼此作用所造成的不可避免的結果。同樣地，你的思想與行動都源自大腦，而大腦不過是一部精密的生物機器，它就像花椰菜或果蠅這些生物機制一樣，毋須自由意志就能運作。

當代美國哲學家彼得・凡・因瓦根（Peter van Inwagen）在他提出的結果論證（Consequence Argument）中，總結決定論對自由意志帶來的挑戰。「如果決定論為真，那麼我們的行動都是自然律與過去事件的結果，」他說道。因為「我們既無法決定自己出生之前的事，也無法左右自然律」，因此「這些事物（包括我們現在的行動）的結果完全不是我們所能決定的」。[3] 顯然，我們無法為自己無法決定的事負責。

3 Peter van Inwagen, *An Essay on Free Will* (Clarendon Press, 1983), pp.16, 56.

神經學家大衛・伊格曼（David Eagleman）向我解釋說，為什麼他跟許多人一樣，都認為決定論是自由意志問題的核心：「我們總是把大腦當成一個決定論的系統來研究：它哪裡在運作，它如何觸發神經傳導物質，引發極化反應，一步一步環環相扣。以這個系統來說，主要問題在於我們很難有插手的餘地。」

有人試圖否定拉普拉斯的惡魔，以挽救自由意志。其中一種科學的方法就是混沌理論（chaos theory）。該理論主張，完全的可預測性在物理系統中是不可能的，因為即便是初始條件下極細微的變化，都會造成非常不一樣的結果。對此最著名的就是「蝴蝶效應」：一隻昆蟲振翅造成微小的大氣擾動，很可能在世界的另一頭引起颶風。

早在混沌理論確立為科學事實以前，科幻小說作家雷・布萊伯利（Ray Bradbury）就在他的短篇小說《雷霆萬鈞》（*A Sound of Thunder*）中提到這個基本觀念。書中描述一名時空旅人獵獲一頭暴龍。[4] 在時空獵遊中，旅人必須待在浮動的平臺上，只允許獵殺即將死亡的恐龍。時空旅行公司認為，即使殺死一隻最微小的動物都可能構成危險，因為牠若存活可能造成完全不同的結果。「少了十隻老鼠，會死一隻狐狸，」導遊解釋。「少了十隻狐狸，就會有一頭獅子餓死。」然後某天就會

4 Ray Bradbury, 'A Sound of Thunder' in R is for Rocket (Doubleday, 1952).

有一個穴居人餓死，因為「你，我的朋友，把那個地區的老虎都給弄死了，只因為你踩死一隻老鼠」。而那個穴居人很可能是「一個種族、一個民族與一段生命歷史」的始祖。「你重重踩上一隻老鼠，可以引發一場地震，而其效果足以動搖整個地球與整個時間歷程，乃至於破壞一切的根基。」然而，小說中時空旅人還是疏忽了，他不小心踩到一隻蝴蝶，因此改變了他來自的時空環境。

混沌理論是否終結了人類根據物理定律準確預測未來的希望，至今仍無定論。但可以確定的是，混沌理論並未殺死拉普拉斯的惡魔，因為它並未否定由同樣的初始條件出發，只會走到同一個未來。混沌理論僅僅提醒我們，微小的變化會造成重大的差異。這一點跟拉普拉斯的決定論完全符合。

決定論面臨的實際挑戰來自量子物理學。量子理論的主要特色是，它讓某些自然律變成或然性，而非決定性。從一套固定的初始條件出發，下一步會如何並非必然。舉例來說，在量子物理學中，你無法確定一個放射性粒子在接下來十分鐘內是否會衰變；你只能說有可能發生。如果量子理論的基本主張正確，那麼拉普拉斯的惡魔就失去了力量。他無法預測未來，因為不是每件事都會依照物理定律「不可避免地」發生。愛因斯坦也許不信這一套，但我們可以說，上帝確實擲了骰子。

但我認為，拉普拉斯的思想實驗對自由意志造成的真正威脅，不在於未來的可預測性與必然性。如果把必然性從唯物主義的世界觀中抽離，你會發現一切事物依然是物質反應的結果。事物是不是在絕對確定下發生的並不重要。重點在於**事物**本身：每件事的發生都只是它根據自然律行動的結果，不論有沒有決定性。

因此，問題不在決定論，而是所謂的物質範域的因果封閉性（causal closure of the Physical Domain）。也就是說，每一個物理事件都有一個物理原因，無論是量子物理學還是混沌理論都無法否認這一點。神經元被觸發是因為另一個神經元的緣故，不是腦子裡的靈魂要它這麼做。如果你觀察最基礎的物理現實，也就是原子以及比原子更小的東西，你會發現每個粒子的行為都可以從粒子本身的性質、它周遭其他粒子的性質，以及主宰這些粒子的自然律中得到解釋。至於這些解釋是否能用來預測其他活動則是另一個問題。不管物理定律具有或然性或決定性，都不會改變一件事，那就是神經元產生連結是基於物理原因。我們在思考自由意志時，應該從這一點切入。

所以，科學上針對自由意志提出的種種懷疑，其根源不是決定論，而是「唯物主義」——認為一切事物都是由物質構成的。「對自由意志的威脅，或許可以稱之為化約主義者（reductionist），」哲學家馬努埃爾．瓦爾加斯（Manuel Vargas）說道。「這個威脅植根於我們的存在中，亦即由更小的『物質』構成的人類存在，而非對決定論本身的恐懼。」[5]

我們尤其擔心真正驅動我們的不是欲望、信仰與思想，而是微小的物理過程，例如原子的相互碰撞。思想、信仰、欲望與感情只是「副現象」（epiphenomena）：它們都是神經歷程的副產品，而神經歷程才是行動的真正驅動者。「副現象論」（epiphenomenalism）一詞是赫胥黎（T. H. Huxley）於一八七四年所創。他認為主張行為是由有意識的思想所驅動，就像相信火車的汽笛聲可以拉動火車一樣。「野獸的意識與野獸的身體機制連結在一起，意識是身體運作產生的副產品，不可能改變身體運作的方式，就像汽笛是伴隨火車的引擎產生，不可能影響引擎的運作。」[6]

一個世紀後，哲學家約翰．塞爾（John Searle）做了另一個生動的比喻，他說：根據副現象論者的說法，人類就像浪頭上的泡沫，卻以為自己「整日擔負著將海浪拉上灘頭與推入海中的辛苦工作」；事實上，我們的心靈「只是海浪這個物質現實上的泡沫」。[7]無論你喜歡哪一種比喻，意識都只是神經元觸發連結時產生的雜音，意識不是行動的因，正如汗水無法驅動跑者前進。

5 John Martin Fischer, Robert Kane, Derk Pereboom and Manuel Vargas, *Four Views on Free Will* (Blackwell, 2007), p.208.

6 T. H. Huxley, 'On the Hypothesis that Animals are Automata, and its History', *The Fortnightly Review*, 16 (New series, 1874), pp.555-80.

7 John Searle, *Minds, Brains and Science* (Penguin, 1984), p.17.

自由意志的主要威脅來自一般的唯物主義而非嚴格的決定論，這種說法可見於尼克・斯賓塞（Nick Spencer）精彩的無神論歷史，他認為反對自由意志通常是自然主義世界觀的主流思想，這種世界觀引領人們遠離宗教。盧克萊修（Lucretius）是自然主義世界觀最早的例子之一，他在西元前一世紀的詩作《物性論》（*De rerum natura*）中描繪一個純粹由自然律統治的世界。在那樣的世界裡，一切事物的發生都是前因造成的後果。盧克萊修以優美的修辭問道，「如果一切運動總是相互連結，從舊的運動中產生新的運動……地表上的生物如何獲得自由意志，他們如何從命運的手中掙得自由意志？」[8]

啟蒙運動初期，歐洲的唯物主義者再次提出同樣的問題，依然得不到滿意的解答。自然逐漸被視為一種機器，而人類做為自然的一部分，成了機器裡的齒輪。十八世紀一位修道院院長尚・梅耶（Jean Meslier，一般認為他是第一位公開的無神論者）寫道，「以為自己是自由的人，就像一隻蒼蠅以為自己是宇宙這部機器的驅動引擎。事實上，人的行為不是由自己的意志主宰，而是被整個宇宙推著前進。」[9] 梅耶的同胞霍爾巴赫男爵（Baron d'Holbach）在半個世紀後也寫道，「自然難道不是一部巨大的機器，人類難道不是其中的一個小彈簧嗎？」[10] 與霍爾巴赫同時期的醫生暨哲

8 Lucretius, *De rerum natura*, trans. William Ellery Leonard (Internet Classics Archive) http://classics.mit.edu/Carus/nature_things.html.

9 Jean Meslier, *Superstition In All Ages* (1732), trans. Anna Knoop (1878), §LXXX (Project Gutenberg) www.gutenberg.org/ebooks/17607.

10 Paul Henri Thiery (Baron D'Holbach), *The System of Nature*, vol. 1 (1770) (Project Gutenberg) www.gutenberg.org/ebooks/8909.

學家拉・梅特里（Julien Offray de La Mettrie）曾寫了一本書，書名就叫做《人是機器》（*L'homme Machine*）。[11]

認為宇宙完全由自然律所主宰的思想家，往往很容易就認定這個世界沒有容納人類自由的空間。這是一種相當陽春的推論，完全不採納決定論、量子理論或尖端科學來進行推論或評估。許多科學家認為自由意志不存在，但實際上這樣的想法充其量顯示了，他們若非在哲學上過於天真，就是自以為是地誇大了自己的研究對日常生活的重要性。

空隙裡的上帝，空隙裡的我

幾個世紀以來，自由意志面臨的基本科學挑戰一成不變，而針對這些挑戰的回應策略也換湯不換藥。以某個神學上的老問題為例就可以理解。在科學可以好好解釋宇宙如何運作之前，人類往往把自然現象歸因於上帝或諸神。並不是說宗教不過是拙劣的原始科學（proto-science），或所有宗教都以這種方式乞靈於神。然而，如果我們否認人類曾經普遍相信神的力量主宰自然，那麼現代主義的歷史恐怕就要全

11 Nick Spencer, Atheists: *The Origin of the Species* (Bloomsbury, 2014), p.112.

盤改寫了。

隨著科學日趨成熟，顯然有越來越多的事物可以僅用自然律來解釋。上帝在世界的圖像中逐漸失去地位。據說拉普拉斯向拿破崙解釋天體運行沒有上帝置喙的餘地時，曾說過一句名言：「我不需要那種假說。」

除非你直接否定科學，否則你只有三個選擇。你可以放棄相信上帝。或者你可以放棄相信上帝是宇宙的主宰，祂不是小至落葉、大至氣候等一切事物的原因。許多神學家採取這個立場，提出了或多或少自圓其說的解釋。第三種選擇是，認為科學無法解釋一切，空隙的部分就由上帝來填補。十九世紀的傳道者亨利・德拉蒙德（Henry Drummond）在題為「人的提升」（The Ascent of Man）的演說中，嚴詞抨擊這種做法。「有些虔誠人士努力不懈地在自然領域與科學書籍裡搜尋空隙，他們認為唯有上帝才能解釋這些空隙，」他說道。「難道上帝住在這些空隙裡嗎？」德拉蒙德看出這是一條死胡同。「如果上帝只能用來填補知識的空隙，那麼一旦這些空隙被填滿了，我們該如何自處？如果這些空隙無法被填補，難道我們只能在失序之處尋找上帝？」[12]

然而，「空隙裡的上帝」（God of the Gaps）還是存續下來。雖然當代神學家拒絕

12 HenryDrummond, The Lowell Lectures on the Ascent of Man (Phoenix University of Theology Digital Library) http://put.phxut.us/library/index.htm.

乞靈於這個負隅頑抗的上帝，但我們還是可以在一些論證中清楚看到祂的身影；他們讓上帝能微調物理學的基礎常數，以確保人類最終能從大爆炸的煙霧中出現，或者讓上帝干預演化，以確保人類得益於不大可能出現的器官，例如眼睛。

我相信我們也曾以類似的方式，訴諸「空隙裡的我」。早在很久之前，我們就接受：我們本質上是血肉構成的生物，在這部產生思想、欲望、信仰與感覺的機器裡，並無非物質的靈魂存在。這種說法甚至獲得絕大多數神學家的認同。[13] 然而，我們的內在生命與意識思想極其豐富，若說其根源不過是物質（是細胞而非靈魂），似乎有違我們的直覺。因此，不需要形成一貫的信念，人們自然就會打從心裡反對這樣的物理主義，並且深信人的內心除了物質還有其他東西存在。人不只是神經連結與四肢運動，而是內心有個「我」在拉動操縱桿。認為「我」只是拉起操縱桿的結果，這種想法實在令人不安。

每當有人闡述「空隙裡的我」，最後總不免淪為模糊空洞的概念。然而，我們早已習以為常地將人生建立在這種模糊的概念上，大概只有哲學家才會對此感到驚訝。要求人們對自己的宗教、政治或道德信仰提出一致的解釋時，絕大多數人的反應都是惶然失措，連聰明人也不例外。

13 See chapter four, ‘Soul searching’ in my book *The Ego Trick* (Granta, 2011), pp.60-72.

「空隙裡的我」其實是一個非常古老的觀念，因為它要解決的是唯物主義宇宙觀的問題。因此，當普魯塔克（Plutarch）於西元一世紀提到「一些哲學家認為他們可以讓我們的本能衝動不受外因控制」時，他以晦澀的說法表示，「談到靈魂的領導，偶發的行動在事物難以辨別時特別明顯。」這句話的意思是說，當物質世界的力量處於平衡時，靈魂才有能力干預與決定物質的路徑；在這種狀況下，行動的產生不是來自外在的因。當自然的天平處於平衡狀態，靈魂輕敲任一端都能造成天平傾斜。用比較現代的例子來說，物理定律決定神經元是否觸發連結，而此時我們的自由意志就有發號施令的可能。

在斯多噶哲學裡，這個現象稱為「轉向」（swerve）。「兩個事物完全相同且一樣重要，我們無論如何都必須從中挑選一件，但沒有明確的原因驅使我們傾向其一，因為這兩個事物並無分別。因此，是偶然的因造成我們靈魂的轉向。」[14]這種說法對於自由似乎於事無補。一方面，造成轉向的力量神祕難解；另一方面，自由意志看似只存在於極少數的例子裡，而且其中並不存在其他力量驅使我們做出選擇。於是自由意志成了一種以超自然的力量解決自然僵局的方式。

奇怪的是，還是有人支持這類「轉向」的理論，並且試圖將自由意志塞進量子

14 Michael Frede, *A Free Will* (University of California Press, 2011), p.10.

不確定性留下的空隙裡。諾貝爾獎得主約翰・埃克爾斯（John C. Eccles）就是著名的例子。一九九二年，在與弗里德里希・貝克（Friedrich Beck）合寫的論文中，埃克爾斯提到非物質的自由意志可能是在胞吐作用（exocytosis）★的過程中出現的，大腦「突觸前膜短暫開啟一個通道」。他們的假設是，「短暫增加胞吐作用的機率，心理意圖會更明顯地反映在神經作用上。」[15]

還有一些當代哲學家與埃克爾斯一樣，認為突觸之間的空隙就是非物質意志產生作用的地方。他們假設有一種「行為者原因」（agent-causation）。潛在的空隙就是在這裡被撬開的，因為一般認為所有的因本身也是其他的因（在此之前的因）造成的果。這正是我們感到苦惱的地方，看來我們不過是一部機器，我們的行動完全是我們無法掌控的因所造成的。但是如果這世上存在著另一種因，它本身不僅僅是前因造成的果呢？「行為者原因」就是這樣的因。

哲學家假設的行為者原因是指，「一種出自行為者或個人的行動（尤其是自由的行動）的特殊原因，它無法以與行為者相關的事件、過程與狀態的行為因果關係去化約或充分解釋。」[16] 這是我能找到的最清楚的定義，即便如此，這樣的說法仍然相當含糊，而這一點也不令人意外，畢竟行為者原因這個概念原本就晦澀難明。這項主

★ 編按：細胞要排出大型分子時，由運輸囊泡將大型分子包覆後沿著細胞骨架移動，當運輸囊泡到達細胞膜時，雙方的膜會重新排列、融合，並將囊泡內的物質排出細胞外。動物神經細胞即利用胞吐作用釋出神經傳遞物質，將神經訊息傳遞至下一個神經細胞。

15 Friedrich Beck and John C. Eccles, 'Quantum aspects of brain activity and the role of consciousness', *Proceedings of the National Academy of Sciences of the United States of America*, 89 (23) (1992), pp.11357-61.

16 Robert Kane, *Free Will* (Blackwell, 2002), p.284.

張其實只是認為，人類擁有獨立於一切自然因果關係的力量，而且能夠憑藉這股力量使事情發生。換言之，這股如同魔法般的力量就是自由意志。行為者原因的支持者努力想證明這是個一致的觀念，不會與最先進的科學理解有所矛盾。同樣地，埃克爾斯假設非物質的自由意志會在胞吐作用時運作，在科學上並非不可能。然而，更重要的是，我們找不到任何確實的證據可以證明，有某種隱藏的意志的力量在腦中運作。如哲學家譚姆勒・索默斯（Tamler Sommers）所言，「可能性是廉價的；真實性是昂貴的。提出各種解釋，卻不需要提出任何確實依據，天底下沒有比這個更輕鬆的事了。」[17]我們之所以認為人類肯定擁有這種神祕力量，理由只有一個，那就是我們需要這種力量來挽救自由意志。因此，行為者原因的理論是先有了結論，才回頭想證明理論成立。

當代哲學家羅伯特・肯恩（Robert Kane）則提出「自我形成的行動」（self-forming actions）這個觀念，試圖將純自由（pure freedom）安放在空隙裡。肯恩表示，人在做決定時不一定每次都會有意識地思索，有時會任由自己的性格（character）來決定，而性格似乎不完全是由我們自己所形塑的。因此，為了讓每個人為自己是誰與自己所做的行為負起責任，我們必須相信在人生的某些關鍵時刻，

17 Tamler Sommers, *Relative Justice* (Princeton University Press, 2012), p.92.

我們可以自由地做決定，不受先天與後天這兩股形塑人格的力量所影響。不過絕大多數人都無法接受他的說法，理由我想不需要我多做解釋。但肯恩的主張不只於此。

「不受外力決定的自我形成的行動，往往出現在我們對於自己該做什麼與該成為什麼樣的人，感到舉棋不定的時刻，」肯恩寫道。「我們的心智陷入天人交戰與茫然失措，我認為這種現象會反映在我們大腦的特定區域，產生熱失衡——簡單說，腦子裡出現『擾動與混亂』，使大腦對於神經活動的細微不確定性特別敏感。」[18]

自由是個謎？

上述說法類似斯多噶學派的轉向。有時候我們會覺得自己真的必須在兩難中做決定，甚至清楚感受到自己的腦袋好像就懸在哪兒。就在此時，瞧！我們做了自由的選擇，決定自己要成為什麼樣的人。對我來說，這只是個無望的主張，費盡心力訴諸腦科學裡最不確定的領域，為了「解釋」眼前的謎團而假設了另一個謎團。因此，當肯恩說：「有些科學家主張結合混沌理論與量子物理學，有可能提供人們需要的真正的非決定論。」我懷疑需要那個幹嘛？[19]「真正的非決定論」就只是非決定

18 John Martin Fischer, Robert Kane, Derk Pereboom and Manuel Vargas, *Four Views on Free Will* (Blackwell, 2007), p.26.
19 Ibid., p.29.

論，與真正的自由無關。

行為者原因與自我形成的行動，是為了化解大腦是思想的引擎這種主張所引發的焦慮；它們都試圖找出科學留下的空隙。然而，依我來看，這兩種哲學嘗試終究要走上失敗的命運。學者們可能想就細節做進一步討論，可是一旦策略從根本上就有瑕疵，毋須一一檢視也足以知道應該揚棄。

這種看法同樣適用於那些最大膽的空隙理論。標準的做法應該是在物質世界中，找到空間可供安插非物質的因。不過康德做了更具野心的嘗試。

康德提出一個有趣的論點。他認為科學的世界觀使自由意志無法存在，反之自由意志也讓科學的世界觀無法存在。面對這個事實，我們只有兩個選擇：不是放棄自由意志的主張，就是放棄相信物質世界（我們眼前的世界，包括科學世界與日常生活）就是真實存在的世界。在自由與現實的物質世界之間，康德選擇了前者。康德表示，我們眼前的世界，也就是科學研究的世界，並非終極實在。如果我們主張自由是實在的，那麼我們必須否定經驗與知覺的世界就是世界本身。康德說：「如果表象就是事物本身，自由就無法挽救。」[20]

康德因此主張，除了現象界，亦即我們經驗的與科學調查的世界，還存在著本

20 Immanuel Kant, *Critique of Pure Reason* in Derk Pereboom (ed.), *Free Will* (Hackett, 2009), pp.107.

體界（noumenal world），也就是事物自身的世界。我們對本體界的性質幾乎一無所知。就連時間與空間也屬於現象界，而非本體界。儘管如此，我們有理由相信本體界正是自由意志居住之處，因為自由意志必定是真實的，而我們無法在現象界找到它。我們沒有必要在物質世界裡尋找空隙來安插自由意志；它只能被重置於本體界。如肯恩所解釋的，自由意志只能在「時間與空間以外的『本體自身』（noumenal self）中尋找，無法以科學的角度加以探究」。[21]

這種推論形式又稱為先驗論證（transcendental argument）。這樣的論證以我們認為必定為真的事物為前提，再從這個前提得出其他必然的結論。這種做法原則上不會出錯，然而如果完全沒有證據證明你認為必定為真的前提確實為真，那麼根據這個前提所做的推論就顯得草率。康德坦承這麼做確實過於大膽。「談到自由，」康德說：「我指的是『靠自己的』力量開啟一個狀態。」而談到「自由的意義」，康德認為自由是「純粹的先驗觀念」，「它的內容不是來自於經驗」。[22]

我很訝異康德在論證時居然如此無視經驗證據。這也使得他把所有因果力全歸屬到本體界，如此他便能保留他珍視的自由與思想的力量的觀念。康德認為理性具有「獨立開創一連串事件」的力量。「理性可以用這種方式開創一連串事物，但沒有

21 Robert Kane, *Free Will* (Blackwell, 2002), pp.24-5.
22 Immanuel Kant, *Critique of Pure Reason* in Derk Pereboom (ed.), *Free Will* (Hackett, 2009), pp.105-6.

任何事物先於理性，理性是一切自願行動無條件的條件，理性不容許任何條件凌駕其上。」[23] 然而，假設一個無條件的條件或無因之因無法解釋任何事，這只是用更大的謎取代原先的謎。就連康德的追隨者有時也坦承這一點。舉例來說，叔本華選擇馬爾布朗許（Malebranche）的名言「自由是個謎」，做為他在一八四〇年受康德啟發而寫的自由意志論文的題辭與結論。[24]

對於「空隙裡的我」這項策略，最一針見血的批評或許是，最後它反而讓自己想挽救的事物消失殆盡。它的目標是找出某種「不動的原動者」，屬於自我的一部分，它可以做出選擇，而且沒有任何事物能導致它做選擇。然而，就算你能找到這樣的東西，最終也只能得到某種魔法般的人造生命，而這種比正常人來得小的人造生命，卻聲稱自己能控制正常人的身體。

我認為有個理由可以解釋，為什麼許多人這麼容易就掉進這個陷阱裡。彼得・哈克（Peter Hacker）稱之為「分體謬誤」（the mereological fallacy）：誤把部分當成整體。[25] 我們在思考自我時，應思考整體的我們是誰，這個能思考、有欲望、能感受且分秒都在下決定的整體的我們，究竟是什麼東西；這個整體的我們包含了腦袋與身體，智性與感性。但「空隙裡的我」卻試圖把一個裝著無因之因的口袋，

23 Ibid., p.116.

24 Arthur Schopenhauer, *The Two Fundamental Problems of Ethics* [1840], trans. David E. Cartwright and Edward E. Erdmann (Oxford University Press, 2010).

25 M. R. Bennett and P.M. S. Hacker, *Foundations of Neuroscience* (Wiley-Blackwell, 2003), p.68ff.

設在心靈深不可知的某處。即使真有這麼一個口袋存在於心靈深處，裡頭裝的也不是我們自由的自我，而只是整體自我極微小的一部分。

這只是一個例子，但足以說明更普遍的錯誤。尋找自由意志的來源時，人們傾向尋找某種能控制其他事物的東西，例如自我、靈魂、大腦的某個部分、意志的某種特殊能力。然而，這種東西並不存在，即使存在，也不是「我們」。更糟的是，追尋整體中的某個部分，希望藉此讓整體獲得自由，終將造成自由意志的消失。以有意識的控制為例，你會發現這種事經常是不存在的，因為我們的行為多半是由無意識的反應與決定主導。仔細觀察腦部的活動，你無法看見任何思想在運作。而我們的理性思索也經常被情感反應所掩蓋。無論你怎麼看，都會發現做決定的似乎另有其人。某方面來說確實是如此，決定來自於整個系統，而非其中一部分。

這有點像是觀看團隊競賽。以足球為例，你想了解球賽如何進行，卻只盯著某個球員看，企圖找出是哪個球員控制了整個比賽。這麼做的話，你只會看到球員滿場跑，四處張望，偶爾才會踢到球。就如同觀賞電影《席丹》（*Zidane*），它記錄了當時世界最優秀的足球員席內丁・席丹（Zinedine Zidane）在球場上的表現。「只注意球員而不注意球，你不可能看得懂這場球賽，」記者蓋瑞・楊（Gary Younge）寫道。[26]同樣地，只觀看自我的某個部分，而不留意整個自我在做什麼，你將無法理解自我的能動性。

為了理解自由意志，我們必須避免把選擇說成是由大腦、心智、理性或擁有意識的自我所做成的。我們必須認為做出選擇的行動者是**我們**：整體的我們。這些整體的自我有時是有意識地行動，有時無意識；有時不在計畫之中，有時自動自發；有時根據理性，有時基於感情或本能行事。所謂的自由，就是我們對自己做的事有充分的控制。「充分的控制」（sufficient control）將是本書討論的重點。但為了理解它是什麼，我們必須從正確的起點開始，我們必須把自由意志視為是身為整體的人的我們所擁有的東西，而不是我們身上某個特殊的部分。

物質需要公關加以包裝美化。「唯物主義」一般都被視為負面的字眼。許多人抱怨消費主義的社會過於注重物質，彷彿除了物質之外還有其他事物。確實，我們還有其他事物需要重視：物質的主體，也就是我們自己。然而，如果我們真的因為我

26 Gary Younge, ‘He shoots. He scores. He folds his socks’, *Guardian* (*G2* section), 18 May 2006, p.18.

們是誰而珍視我們自己，我們就必須擁抱我們的物質性。在我們的時代，唯物主義的世界觀越來越風行，但也有一些人執著地想阻止唯物主義浪潮泯滅人性。

我們為什麼遲遲無法承認自己的物質性，這點不難理解。唯物主義的世界觀似乎沒有容納人類能動性（human agency）的空間，因為它認為一切事物的發生都是物理定律的結果。要在科學理解中尋找空隙來挽救自由，肯定徒勞無功。就算真的找到空隙，我們也會發現空隙要不是祕密地關閉著，就是過於窄小，沒有其他事物可容身。

所以我們必須接受自己是物質世界的物質存在，而且要禁得起誘惑，拒絕將我們真實的自我擺在構成我們的部分之中。要正視這個現實，才能面對由神經科學發起的新一波對自由意志的挑戰，從而找出解決之道，挽救我們的自由。

第二部

喪失自由

由於意識是個緩慢的過程，因此當意識有所察覺時，事情已經發生，一切已成事實。——Michael Gazzaniga

02 神經學家

想像我請你在你喜歡的任何時間點按下按鈕。沒有人會強迫你必須在什麼時候按鈕，你的手指完全聽命於你，你也沒有理由偏愛哪個時間。這樣的行動便是終極的、無意義的自由的選擇。

現在，想像我讓你看到在這個選擇的實驗中，你的大腦是如何運作的。你會看到大腦負責決策的區塊，也就是前額葉皮質區（prefrontal Cortex），在你有意識地按下按鈕前幾毫秒，就已經觸發了神經連結。你可能以為自己做了自由且有意識的選擇，但實際上你的大腦在你不知道的情況下，早一步做了決定。

如果就只有這麼一場實驗，我們大可抱持懷疑的態度。但自從一九八〇年代初，班傑明・李貝特（Benjamin Libet）首次提出大腦的啟動比有意識的決定早了

○．二秒之後，已經有許多研究證實了他的發現。[1]不僅如此，大腦的啟始運動與我們有意識地採取行動之間的時間差，還增加了。許多神經學家一再表示，當我們做出選擇時，意識本身經常是最後才知道的。包括山姆．哈里斯在內的許多神經學家，都得出令人憂心的結論：「想做一件事的意圖，並非源自於意識，更確切地說，是『出現』在意識裡。」[2]

許多人認為這項實驗與其他類似的實驗，敲響了自由意志的喪鐘。舉例來說，哈佛大學的蓋布里爾．克雷曼（Gabriel Kreiman）在受測者察覺自己決定按下按鈕之前的五秒鐘，偵測到大腦啟始運動的區塊（運動輔助區）以及控制注意力和動機的區塊（前扣帶迴皮質，anterior cingulate cortex），都出現了神經電活動。「這可不是魔法，」二〇一三年克雷曼於《新科學人》（*New Scientist*）表示。「有神經元，有通過薄膜的離子，我們的決定就是這樣編織出來的。不需要訴諸自由。」[3]

如果我們真的在有意識地決定採取行動之前就已經開始行動了，看來有意識的選擇完全無用武之地。它們只是赫胥黎所說的副現象：大腦嗡嗡作響產生的空洞噪音。

「空隙裡的我」這個古老策略再度被用來解決這些問題。奇怪的是，使用者竟

1 關於李貝特的實驗，見 Benjamin Libet, Curtis A. Gleason, Elwood W. Wright and Dennis K. Pearl, 'Time of Conscious Intention to Act in Relation to Onset of Cerebral Activity (Readiness-Potential), The Unconscious Initiation of a Freely Voluntary Act', *Brain*, 106 (1983), pp.623-42; and Benjamin Libet,'Unconscious Cerebral Initiative and the Role of Conscious Will in Voluntary Action', *The Behavioral and Brain Sciences*, 8 (1985), pp.529-66。

2 Sam Harris, *Free Will* (Free Press, 2012), p.8.

3 Caroline Williams, 'Brain imaging spots our abstract choices before we do', *New Scientist*, 10 April 2013.

然是班傑明．李貝特。他不願相信自己的實驗居然證明了人類沒有自由意志，於是他想了一個辦法挽救某個幾乎等同於自由意志的東西：「自由否定」（free won't）。李貝特認為自由否定與他的實驗結果並無矛盾，因為意識的心靈可以干預與「否定」大腦在我們實際行動前就已經開始的行動。

其他人則是從實驗裡挑問題，他們認為李貝特的實驗並不像表面上看來那樣具決定性。舉例來說，神經學家大衛．伊格曼對於二〇〇九年版的李貝特實驗使用了功能性磁振造影掃描機表示懷疑；很多人用這個儀器來檢視最初的發現。伊格曼認為，受試者為了確保自己的反應是隨機的，反而影響了實驗結果。

伊格曼解釋說：「我們檢視功能性磁振造影，發現受試者在實際按下按鈕之前出現的大腦活動攀升訊號，與受試者前後兩次實驗的表現相關。」換言之，受試者會問自己：我這次等待的時間是不是比上次長？我這次的反應是不是比上次快？諸如此類的問題。在實際做出行動前，掃描機偵測到的可能是這些想法，而不是行為前無意識的決定。「我認為就是這樣，」伊格曼表示，「而若真是如此，這就表示還沒有任何實驗能證明人類沒有自由意志。」

這個實驗令人憂心的地方在於，在實驗室裡要求受試者做出無意義的選擇，然後就此進行分析得出結論，再以此推論受試者在現實世界做出有意義的人生選擇時也會如此，顯然過於武斷。李貝特的實驗有其獨特的設定，如果不加思索就認為現實生活也是如此，未免有些奇怪。

儘管如此，我們也不能因為目前的實驗數據有限，就認為可以據此為自由意志辯護。另一方面，已經有許多研究顯示，人類的行動多半出於無意識，因此若還有人堅持無意識行動絕不會先於意識行動，倒也讓人訝異。讓我稍感安慰的是，神經科學的證據不像一般人以為的那麼準確，我認為這場實驗只是一次誤導，試著要在科學知識的空隙裡置入自由意志。

要為自由意志提出堅實的辯護，必須先解決神經科學對自由意志提出的挑戰所包含的三個要素：首先，我們的行動是由腦部的活動過程所導致的，與思想或決定無關。其次，我們絕大多數的行動都不受意識控制。第三，雖然我們相信自己可以做出不同的選擇，但通常（若非總是如此）大腦會在我們意識到自己擁有選擇之前擲出骰子。本書將充分化解這三個挑戰。而在此我將先稍稍挫挫它們的銳氣。

我們的大腦為我們做了決定？

身體的行動與心裡的思想可以追溯到腦部的活動，這個「發現」為什麼會讓那麼多人感到憂心，實在令人費解。大腦在意識上扮演著重要的角色，如果說在你做決定之前，腦袋裡什麼事也**沒**發生，豈不更讓人吃驚？哲學家賽門・布萊克本（Simon Blackburn）表示，他對李貝特的發現感到「雀躍」，要是「我的手不需要任何先前的事件引發就能自行舉高，我會覺得很難過」。[4] 同樣地，科學家柯林・布雷克摩爾（Colin Blakemore）問道：「如果不是我們的大腦，還有什麼能讓我們的肌肉動作？」除了神經元觸發連結，還有什麼能讓思想成為可能？沒有人可以佯裝自己完全了解大腦如何產生意識與知覺，然而也沒有人會懷疑，就某方面來說大腦確實能產生思想與知覺。

由於我們還不了解心智與大腦的關係，所以還不知道如何討論這個問題。舉例來說，談到李貝特的實驗時，我們可以輕易地說，**你的大腦**在**你**意識到自己做了決定之前就已經做了決定，彷彿大腦不是你的一部分。這就是我們在上一章談到的分體謬誤：混淆部分與整體。這種討論方式具有重大的哲學意涵。「我們在意識到自己

4 *In Our Time*, BBC Radio Four, 10 March 2011.

做了決定之前就已經做了決定」這個可接受的觀念，變成了「我們的大腦為我們做了決定」這個令人不安的不同觀念。

我們討論心智時使用的詞彙經常是不適當的，容易造成誤解。好比說，我們時常談論大腦「導致」或「產生」思想與知覺。這兩個詞暗示大腦負責所有工作，而思想與知覺某種程度上只是神經這個因所造成的果。這聽起來很像副現象論。

與大腦相關的科學事實，是否要我們以這種方式去思考思想與行動？我認為並非如此。不可否認，大腦提供維持意識生活所需的物質憑藉。沒有大腦，就沒有人類意識。但我們不能因此認定可以只從神經學的角度來解釋所有的人類行為，也不能以為意識思想與我們的行動毫無關係。這種強烈的主張完全違反了經驗證據。

舉個簡單的例子。我朝著你大喊：「低頭！」所以你低頭了。把焦點放在大腦，我們很可能會追溯出一條因果線，這條線只描述聲音進到你的耳朵，轉譯成大腦信號，然後引發進一步的神經連結，讓你的肌肉做出低頭的動作。我們不會在這個因果關係中發現「低頭」這個詞的意義。然而，除非我們接受「低頭」的意義在這條因果鏈上扮演著重要角色，否則很難理解這當中發生了什麼事。如果當初我叫的是「吸」、「起司」或「跳」，你會做出不同的反應。除非我們明白「低頭」的意義，否則我們無法理解你的行為。

這意味著兩種解釋的可能：若非「低頭」的意義在你的行動中不扮演任何角色，就是對這整個過程所做的物質描述無法完整說明你為什麼「低頭」。由於第一個選項實在難以置信，所以我們必須小心地檢視第二個選項。

在此我們質疑的論點，可以總結為**思想沒有因果效力**的主張，亦即思想不會影響我們的行動。在這裡「思想」應該廣泛理解為包括信仰、欲望、意圖，以及我們如何理解我們看到與聽到的東西，例如低頭的命令。

當人們否定思想的因果效力時，根據的通常是實驗結果；但實驗頂多顯示思想無法影響非常特定的行動。如果從這裡跳到一般性的結論，認為思想「絕對無法」影響行動，顯然過於輕率。舉例來說，李貝特的實驗顯示，在實驗室的環境裡，當我們選擇動動一根手指時，意識的選擇並不是決定的要素。即使這個結論為真，我們若依此推論，「認為移民將占據整個國家的想法，並不是民眾投票給國家主義政黨的理由」，顯然過度跳躍。一場顯示「思想**在此**沒有因果效力」的實驗，無法證明「思想在**任何地方**都沒有因果效力」。這就像主張一個人的宗教信仰不會影響他對肥皂粉的選擇，所以也不會影響他對配偶或禮拜場所的選擇。

這樣的類比也許沒有你想像的那麼誇張，因為事實上許多揭穿意識思想在行動中所扮演的角色的實驗，都鎖定在沒有特定理由或沒有思想基礎的特殊行動。哲學家紹恩．尼科爾斯（Shaun Nichols）告訴我一個例子，是由約翰．巴赫（John Bargh）進行的著名研究。實驗中，受試者先閱讀一段與老年有關的文字，之後他們行走的速度竟然比沒讀過相關文字的受試者來得慢。[5]這些受試者並未察覺自己的行為出現變化，也未曾懷疑他們閱讀的東西改變了自己的行動方式。

「有些人很訝異自己的行為竟深受自己沒有意識到的事物所影響，」尼科爾斯表示。然而，一般來說，思想不會對走路產生重大影響，除非我們基於什麼特殊的理由而刻意行動或調整自己。所以，在一般的狀況下，如果你問某個人為什麼他走到電梯的速度比平常慢，他們可能答不出來。「但是如果你問他，**為什麼**要朝電梯走過去？」尼科爾斯說：「他不可能回答，『天啊，我不知道，也許我想離開這裡吧？』他一定知道自己為什麼走向電梯。如果有人站在登機口，你問他，『你為什麼在這兒？』他不可能說，『天啊，我不知道我為什麼在這兒。』」沒有任何實驗曾經顯示人們的信念與這類行為無關。所以，「如果你想從研究人的怪癖中，大膽推論出人類決策的本質，那麼你必須記得，人類做事其實精得很，絕非一個實驗可以了得，尤

5 J. A. Bargh, M. Chen and L. Burrows, 'Automaticity of social behavior: Direct effects of trait construct and stereotype activation on action', *Journal of Personality and Social Psychology*, 71 (1996), pp.230-44.

其任何人都可以回你說：『廢話，他當然知道自己為什麼在登機口，因為他要搭飛機！』」

心理學家凱瑟琳・沃斯（Kathleen Vohs）與強納森・斯庫勒（Jonathan Schooler）的論述也顯示，思想確實會影響行動。特別是，當你相信自己擁有自由意志時，你的行動會更符合道德；相反地，如果你認為沒有自由意志，行動就會較不符合道德。在兩場實驗中，他們讓部分受試者閱讀「行為是環境與遺傳造成的結果」的文章，結果這些人在接下來的測試中會比其他沒有閱讀這類文章的受試者更容易說謊。他們也發現，「越不相信自由意志，越容易出現欺騙行為」。其他實驗也得出類似結果，清楚顯示信念確實會影響行動。[6]

神經學家迪克・斯瓦伯（Dick Swaab）或許最能夠有力反駁「思想無法改變任何事」這個說法。他曾明確表示，自由意志是個「愉快的幻覺」。儘管如此，在他的作品《我即我腦》（*We Are Our Brains*）中，他表示，「飽受慢性病折磨的患者，經過訓練之後，可以控制大腦前方的活動以減緩疼痛。」等一下，如果「我即我腦」，那麼我們如何控制大腦？他的例子就證明了，話不能說得太過簡單，彷彿我們的大腦做了所有的事，而意識思想完全是多餘的。[7]

6 Kathleen D. Vohs and Jonathan W. Schooler, 'The Value of Believing in Free Will: Encouraging a Belief in Determinism Increases Cheating', *Psychological Science*, vol. 19, no. 1 (2008), pp.49-54.

7 Dick Swaab, *We Are Our Brains* (Allen Lane, 2014), p.4.

儘管這些巧妙的研究顯示，我們受到無意識過程的操縱，但我們的行動絕大多數顯然根植於思想、理性與信念，沒有任何可信的科學觀點可以強迫我們接受「思想無法引導我們的行動」。不過思想如何引導行動，也非三言兩語就能解釋清楚。一個可能性是，意識是物質素材的一種性質，無論這個物質是大腦或桌子的一部分。若真是如此，如果說只有某些元素（例如碳）才擁有這種性質，似乎有點奇怪。因此，凡是相信意識是一種物質性質的人，幾乎都是泛心論者（panpsychist），他們相信心靈或意識是一切物質的特徵。心靈無所不在。

聽起來有點瘋狂。石頭真的不會思考嗎？嗯，我想不會。絕大多數泛心論者也不認為石頭會思考。只有像大腦這種複雜的物質結構，才能夠以可理解的意義思考，因為我們知道思考需要比石頭更為複雜的結構。儘管如此，泛心論者認為，即使在小卵石中也存有某種心靈的痕跡，某種最低限度的主觀意識。

許多哲學家排除了這個可能性，因為主觀意識再怎麼說都不可能是石頭的性質。也許這只是哲學家缺乏想像力。物質也許沒有那麼冥頑不靈，相信物質毫無主觀意識，或許就像相信豬狗無法感覺痛苦一樣無知而偏頗。當代泛心論者蓋倫·斯卓森（Galen Strawson）曾說，物理學並未排除物質獲得經驗的可能性。「主張時空的延展無需經驗性，等於說自己所知的時空超越科學驗證的範圍。」[8] 斯卓森指控許多唯物主義者是「偽自然主義者」，因為他們「深信經驗不可能是物質的，而物質不可能具有意識」。諷刺的是，這個假定與笛卡兒的二元論如出一轍；後者認為世界由兩種不同的實體構成，一個是物質，一個是心靈。事實上這應該是雙重諷刺，斯卓森指出，「笛卡兒其實知道我們不能排除物質擁有意識的可能性。相較之下，許多偽自然主義者對此毫不接受。」[9]

關於這一點，斯卓森也許是對的。畢竟古怪不必然代表虛假。生物學家霍爾丹（J. B. S. Haldane）曾說過一句名言：「宇宙不僅比我們想的來得怪異，而且怪異程度遠超乎我們的想像。」[10] 也許真是如此，但包括我在內的許多人都認為，哪怕只是理解泛心論主張的真意都十分困難。如柯林．麥金（Colin McGinn）所言，這就好像是要在荒唐與虛無的觀點之間做選擇。[11] 主張石頭會思考，是荒唐的；主張原子是能思考的事物的一部分，則是虛無的，因為任何認為要有大腦才有意識的人都相信這一點。因此，雖然我們無法排除泛心論的可能性，但它絕不是解釋物質意識的最佳說法。

8 Galen Strawson, 'Real Naturalism', *London Review of Books*, vol. 35, no. 18, 26 September 2013, pp.28-30.
9 Ibid.
10 J. B. S. Haldane, *Possible Worlds and Other Papers* [1927] (Transaction Publishers, 2002), p.286.
11 Colin McGinn, *The Mysterious Flame: Conscious Minds in a Material World* (Basic Books, 1999), pp.97-9.

原因不是理由

另一個較有可為的選擇，訴求不同層次的解釋。以常見的例子來說，當我在鍵盤上敲下「#」這個鍵時，「#」這個符號會出現在電腦螢幕上。我們肯定能從最細微的次原子層次來解釋這個現象，其中牽涉的不過是電子、中子與質子。這看起來也許是最基礎的解釋。當然，這不是唯一的解釋；從實際目的來看，也不是最好的解釋。更好的解釋，其實是電腦軟體的程式碼。當我按下按鍵，一個數位信號送出，通過程式，最後產生另一個數位信號，「要求」螢幕讓哪些像素變黑。而若說真正的解釋是次原子的解釋，並且認為程式碼無法解釋實際發生的過程，這樣的說法不僅錯誤，且有違常理。

談到心智與行為，人們會從意識思想、生化腦與基礎物理學等幾個層次進行解釋。如果我們認真看待化約論者的觀點，也就是認為事物發生的唯一真實解釋，只能從最細微的基本層次著手，那麼即使是腦科學也無法真正解釋行為。唯有物理學，而非心理學或神經科學，才能夠對事物為什麼發生提供最終的說明。

我們不一定只能在原子、大腦或思想中，挑選一個來為我們做了什麼提供「真實」的解釋。我們可以針對每個層次提供不同的解釋，至於哪一種解釋最適當，則取決於我們想要理解或解釋的東西是什麼。這種適當性的觀念可以從純粹實用的角度來理解。原則上你可以相信，一個擁有拉普拉斯全知力量的物理學家，光憑物質資訊就能描述一個人做過的所有事情。但實際上，這種事絕不可能發生，所以我們仍然需要心理學與神經學的解釋。

然而，越來越多的證據顯示，科學解釋不是如此截然二分。過去的化約論者在理解事物運作時傾向於拆解，直到獲得最基本的過程。換言之，複雜的整體可以從簡單部分的運作來解釋。這種做法表示，理論上有可能從下而上進行重構，或從上而下進行解構：如果你知道原子在做什麼，你就會知道由原子構成的較大物體能做什麼。但諾貝爾物理學獎得主菲利普·安德森（Philip W. Anderson）認為，這是一個普遍的錯誤。「化約論者的假設絕不是『建構主義者』（constructionist）的假設：有能力把一切化約至最基本的定律，不表示有能力根據這些定律重建宇宙。事實上，談到基礎定律的性質時，物理學家提到越多基本粒子，與其他科學領域的真實問題就距離越遠，更甭能與社會問題有何瓜葛了。」[12]

科學似乎逐步驗證了古老諺語：整體大於部分的總和。舉例來說，你可以觀察

12 Philip W. Anderson, ‘More is Different’, *Science*, 177 (4047) (1972), pp.393-6.

大腦如何運作，然後依據基礎粒子的觀點來描述發生的一切。但你不能只看粒子運動的定律，就根據這個定律推論粒子組成的複雜器官（如大腦）會發生什麼事。物理定律無法預測意識，但意識是物質宇宙產生的事物。

換言之，光是知道系統的組成分子如何運動，無法預測系統的行為。系統擁有組成分子沒有的性質。即使一隻蜂不會害人性命，但一群蜂則可能致命；即使管弦樂團裡的每種樂器都演奏得極順暢，合奏時卻可能會不協調；五個辦事牢靠的人，組成團體後可能運作不良。如另一名諾貝爾物理學獎得主羅伯特・勞夫林（Robert Laughlin）所言：「我們正目睹世界觀的轉變，原本是把自然拆解成小部分來加以理解，如今取而代之的是要理解自然如何組織自己。」[13]

這種新的理解方式又稱為複雜理論（complexity theory）。科學家格瑞果瓦・尼可里（Grégoire Nicolis）與凱瑟琳・盧瓦・尼可里（Catherine Rouvas-Nicolis）表示，「一個複雜的系統是由許多不同的系統構成，這些系統彼此互動產生的新性質，超過系統各部分的總和，而且無法化約成構成分子的性質。」[14]或者如心理學家麥可・加札尼加（Michael Gazzaniga）對「新性質」的描述，微觀層次的複雜系統「自行組織成……新結構，產生過去未有的新性質，並且在宏觀層次形成新的組

13 Robert Laughlin, *A Different Universe* (Basic Books, 2006), p.76.

14 Grégoire Nicolis and Catherine Rouvas-Nicolis, 'Complex systems', *Scholarpedia*, 2 (11): 1473 (2007), www.scholarpedia.org/article/Complex_systems.

織」。在這個新理論的加強版中，「新性質不可化約，而且超過各部分的總和，由於隨機事件是發散的，因此無法從根本的基礎理論或藉由理解另一個組織層次的法則來推演出法則。」[15]

舉個清楚的例子：如果上述說法是對的，那麼量子物理學就比牛頓物理學更基礎，但牛頓定律卻無法被量子定律給廢除或取代。加札尼加表示，「古典性質，例如形狀、黏度與溫度，就跟量子性質一樣真實，例如旋轉與不可分性。」[16]

光是研究大腦歷程無法讓我們預測或理解心智運作的方式，加札尼加想知道複雜性如何提供理解心智的可能。心智與意識是腦活動的「突現性質」（emergent property），大腦歷程的複雜組織能創造出不存在於基礎物質層次的新性質。

這也能夠解釋信仰、欲望與意圖如何改變事物，而毋須把它們視為神祕的非物質。「源自神經運作所產生的心理狀態，反過來限制了產生它的大腦活動，」加札尼加解釋，「大腦活動產生了信仰、思想與欲望這些心理狀態，而心理狀態可以也確實影響了我們的行動決定。」[17]

在思考自由意志時，必須將這些科學事實牢記在心。太常聽到的說法是，如果大腦是思想的引擎，那麼思想本身無法改變任何事。複雜理論已經告訴我們，這種

15 Michael Gazzaniga, *Who's in Charge?* (Ecco, 2011), p.124.
16 Ibid., p.127.
17 Ibid., p.107.

說法是錯的，我們不需要再去假設一個詭異的超自然或非物質的意志或靈魂。複雜理論也顯示，認為思想、信仰與欲望可以導致事物發生，絕非過時的形上學觀念，而是走在時代尖端的科學。

我深信，要正確了解思想能改變我們的行為這個顯然的事實，與其採取泛心論的說法，不如從不同的解釋層次去思考。我比較不確定的是，思想能改變我們的行為，是因為我們在實踐時，若沒有心理層面的解釋就無法行動，還是因為我們原則上無法就最基礎的物質層次對每件事物提出解釋。我認為應該是後者，或者有我還無法想像的第三種可能。無論這場論辯的結果是什麼，我們已經足以了解並接受，就某方面來說，我們的思想與行動是因為我們的大腦才有存在可能。神經科學正逐漸填滿自然主義的圖像，但當中仍有許多空間留待人做為行動者去表現。

還有另一種了解思想的方式，而毋須把它視為一種因。奧地利哲學家維根斯坦（Ludwig Wittgenstein）曾經對理由（reason）與原因（cause）做出重要區別。我們可以把某個行動視為是大因果鏈的結果，而這個大因果鏈可以上溯至大爆炸。但我們也可以把人類行動想成是某些理由造成的結果；除非知道理由，否則我們無法確實了解行動。

舉例來說，我開了燈，而開燈這件事發生的原因是我手部的動作，我的手按下開關，開啟了電流。但我做出手部動作的理由，是我想找到我的書。同樣地，造成日本廣島數萬人死亡，原因是原子彈爆炸，理由則是為了快速結束太平洋戰爭。理由與原因都能解釋事物的發生，但方式大不相同。

哲學家哈利．法蘭克福（Harry Frankfurt）支持這種宏觀看待事情的方式，他說道：「當我們提到理由時，指的不是行動的原因；行動的原因指的是某種生理學上的東西。儘管理由本身也有生理學上的根據或基礎，但理由不是這類事物。理由是別的東西，理由解釋或指明我們為什麼想從事這個行動。」

如同我在越洋電話裡向法蘭克福表示的，如果你在有意義的狀況下說，「他這麼做是因為……」，那麼接在「因為」後頭的說法就是理由。若是如此，對決定論的憂慮就變得毫無必要。因為無論決定論真正的意義是什麼，我們的行動與行為都是有理由的。

法蘭克福回道：「你的意思是說，當我們提出『他為什麼這麼做？』這個問題時，回答的方式有兩種，而在乎決定論的人只注意到其中一種。我想這麼說大致上沒錯。」

這裡的重點不在於理由在因果關係中不扮演任何角色；如果是的話，理由會變得更像是一種副現象。應該說，理由不像原因一樣是事件。然而，就算理由不是事件，在因果關係的故事裡依然舉足輕重。唯有氧氣存在，劃下火柴棒才能點燃火燄；而氧氣的存在不是事件。同樣地，我們通常會為了某個理由做事，但理由不是引發我們做事的行動或事件。

用「自己」來填充因果空隙

即使我們接受了思想可以影響行動的說法，我們對自由意志的理解，依然受到當代神經科學另一項更嚴峻的挑戰。它說我們大部分的行為往往不受意識所控制。我們早就知道大腦落後於我們的想法。儘管如此，我們或許依然相信，實際產生行動的思想是有意識的思想。而我們已經看到李貝特的實驗質疑這種說法，還有許多其他研究指出，意識的心靈其實不像我們想的那麼具決定性。

有些證據確實令人不安。例如，有個原本完全正常的老師，突然間開始偷偷上兒童色情網站，並且到按摩院召妓。最後他進了法院，法官決定給他改過自新的機會。但他未能完成戒癮計畫，反而向參與計畫的女性獻殷勤。在他入獄之前，因嚴重頭痛而獲准到醫院治療。檢查發現，他的腦子裡長了一顆雞蛋大小的腫瘤，法院讓他先接受精神治療及腦瘤切除手術。之後，他的偏差行為停止了。[18]

他的戀童癖真的就只是腫瘤造成的？也許兩者的關係不是那麼直接，不過研究該案的神經學家發現了明確證據，顯示腫瘤確是關鍵，因為幾個月後，這名老師再度頭痛，令人擔心的行為也再度出現，同時間腫瘤也開始擴大。再度割除腫瘤，他也再度恢復正常。從整個經驗來看，這位老師的意識心靈一直無法察覺是什麼在驅動他的欲望與行動。

我們的日常行為舉止，絕大部分也不是由意識所控制，因為我們常常在察覺到自己正在做什麼之前，就已經開始在做了。「意識察覺到的不過是非意識過程這座冰山的一角，」加札尼加說道。更棘手的是，「由於意識是個緩慢過程，因此當意識有所察覺時，事情已經發生，一切已成事實。」[19] 鐵證如山，派崔克・黑格德（Patrick Haggard）因此表示：「當前的主流觀點認為，我們經驗到的意識行動，其實只是在事件發生後，為了解釋我們對零碎片段及情況的理解，而建構的一套敘事。」[20]

伊格曼也認為，我們的思維絕大多數是無意識的。他發現這樣的論點讓許多人

18 J. M. Burns and R. H. Swerdlow, 'Right orbitofrontal tumor with pedophilia symptom and constructional apraxia sign', *Archives of Neurology*, 60 (3), 172 (2003), pp.437-40.
19 Michael Gazzaniga, *Who's in Charge?* (Ecco, 2011), pp.68, 103.
20 Video at www.thebrainandthemind.co.uk/The_Talks/Talk1/.

感到不安。儘管如此，他表示：「我一點也不會感到不安。」例如，他對我說：「我跟一名電影導演聊天，他聽了我的話之後非常生氣，站起來大聲吼著，『你的意思是，我的決定與選擇都不是我的？』我回答，『我是說，這些決定與選擇都是你的，但它們不一定是有意識地思考過才產生的。』」

為什麼我們對於無意識的心靈做了大部分的選擇感到煩惱？我們為什麼非得相信，只有有意識的思想才能走到自由的選擇？甚至是神經學家也無法接受這一點，但正是他們的研究破除了意識心靈主導一切的信念。舉例來說，約翰・迪蘭・海恩斯（John-Dylan Haynes）是柏林伯恩斯坦計算神經科學中心（Bernstein Center for Computational Neuroscience）的專家，他發現在行動開始與意識察覺到行動之間，有七秒的落差。但他不認為這表示行動者無法決定自己的行動。「我的意識意志與無意識意志是一致的，兩者屬於同一過程，」他對《新科學人》雜誌表示。[21]

許多事在我們腦子裡發生，而我們一無所知。即使從天真的自由意志觀點來看，有意識的選擇仍牽涉到許多我們完全沒有察覺到的事物。例如，我們無法主觀地意識到踢球的決定如何在腦子與身體裡轉譯成電化學活動，最終變成肌肉運動。我們可能想做某件事，卻不知道自己為什麼想做這件事，儘管我們可以找出歷史、

21 Ewen Callaway, 'Brain scanner predicts your future moves', *New Scientist*, 13 April 2008.

社會與生物的理由。如果我們認為自由的選擇必須完全是有意識的選擇，這樣的標準會不會太高了？

試著觀察自己一天的時間。看看你的決定與行動，有多少是經由有意識的決定產生的？在這些決定與行動中，又有多少真的是經過深思熟慮？我不認為發現自己絕大部分的決定並未經過深思熟慮有什麼不尋常的。舉例來說，在選擇飲料時，我的決定經常與我說出決定同時發生。事實上，有時候如果我不知道該點什麼，仔細聽服務生問我時我說了什麼，不失為一個解決優柔寡斷的好辦法。

就連我們在思索比較需要動腦筋的事物時，答案往往會突然出現。例如，字謎的提示語：「electronic union arises」。通常你會有意識地經歷某種思想過程：六個字母……第一個字母是e，第四個字母是r，意思與「arise」相同……但是當答案在腦海裡出現時，往往來得又快又急，彷彿是自己蹦出來的。「Emerge!」這個時候你才會看到：e-merge。

「如果我沒看見自己所說的東西，我如何知道自己在想什麼？」偉大作家佛斯特（E. M. Forster）充滿洞見地寫下這句話。[22] 我們不需要神經科學告訴我們，意識心靈往往是最後才知道我們在想什麼，日常經驗就足以讓我們明白這個道理。當我

22 E. M. Forster, *Aspects of the Novel* [1927] (Penguin, 1990), p.99.

們在思考自己如何思考時，往往會發現自己無從得知思緒從何而來。舉例來說，佛教打坐時會要求信眾專注於意念、情緒與感受，留意它們從哪裡「生起」。你確實可以有意識地選擇自己要專注於什麼，但你無從決定它們的發生。

如果我們實際上無法意識到任何自己引發的行動，那為什麼還要主張我們的思想與行動是源於我們自身的意識？兩位著名的哲學家對此提出了解答，他們認為，這是因為我們無法觀察到任何運作中的因果力。

由於我們直覺認為「凡事必有因」，所以當我們注意到自己正在做一件事，卻找不到導致我們做這件事的原因時，我們會用「自己」來填充因果的空隙。「人相信自己是自由的，」斯賓諾莎（Spinoza）寫道，「因為人意識到自己的意志與欲望；然而，人卻從未思索是什麼使人產生意志與欲望，甚至連做夢也沒想過，因為人對此一無所知。」[23] 換言之，對於產生思想與行動的大腦過程一無所知，於是我們只能假定一定是藉由自己的意志，才產生了思想與行動。

休謨（Hume）支持類似的觀點。他認為，當我們看著外面的世界時，我們會本能地在事件與原因之間建立某種必然的連結，即使我們並未親眼看見這個連結。你看見閃電擊中樹木，樹木起火燃燒，但嚴格來說，你並未看見閃電讓樹木起火。你

23 Benedict Spinoza, *Ethics* in Derk Pereboom (ed.), Free Will (Hackett, 2009), p.63.

只看見一件事之後緊接著發生另一件事，是你的心用因果觀將兩件事串起來。我們在思索自己的行動時，同樣面臨這種資訊不足的情況。休謨寫道，「當人們再一次思索心靈的運作，卻感受不到動機與行動之間存在著連結時，人們因此推論，物質力量產生的結果與思想及智能產生的結果，兩者是不同的。」[24] 換言之，無法找出思想與行動的物質原因，卻又相信凡事必有因，所以我們認為有不同的因果關係，也就是來自於心靈的因果關係。

休謨與斯賓諾莎都認為，人實際上無法強烈**感受**到自由意志的存在。更確切地說，由於我們不相信事物會憑空出現，因此自由意志成了一種因果填充劑，用來填補我們不知道自己選擇的原因，以及足以解釋我們為何這麼做的因果故事，兩者之間的縫隙。

這個觀點有違我們的直覺。顯然，我們確實**感受**到自己好像能自由且有意識地行動。然而，誠如哈里斯所言：「我們不覺得自己如自己所想的那麼自由。」[25] 說得有道理，但當他說這句話的意思是指「我們不像**一般人所想的那樣**，是自身思想與行動的作者」[26] 時，他忘了強調我加粗的這幾個字。我們沒有理由認為，非基於理性思考的行動，不算是我們的行動。舉例來說，我們不會以為，與理性的行為相比，

24 David Hume, *An Enquiry Concerning Human Understanding* in Derk Pereboom (ed.), *Free Will* (Hackett, 2009), p.96.
25 Sam Harris, *Free Will* (Free Press, 2012), p.64.
26 Ibid., p.13.

感性的行為比較不屬於我們的行為。亞里斯多德談到錯誤這件事時，曾說過一句很有道理的話：「理性計算下所犯的錯誤，是自己的錯誤；情感驅使下所犯的錯誤，難道就不是自己的錯誤？因為這兩種錯誤都是可以避免的；非理性的感受跟理性計算一樣是人的本性，基於情感或欲望所產生的行動，當然也是人的行動。因此，認為情感驅使的行動是非自願的行動，實在荒謬。」[27]只要思想與情感都來自我們自身，那麼基於情感的行動並不會比基於思想的行動來得不自由。

最後，雖然我們絕大多數的行動都是無意識產生的，但毋須為此過於擔憂，因為這當中存在我所謂的數量謬誤（quantitative fallacy）。這種錯誤是指光從數量來判斷特定要素是否重要，而未考慮它的品質。舉例來說，人類與斑馬魚的DNA有百分之八十五是相同的，但關鍵是那百分之十五的差異。因此，就算我們的認知過程有百分之九十九處於無意識，那又如何？儘管意識只占很小的比例，但它可能具有關鍵的重要性。事實上，如果我們的思考能力是用來從事重要工作，那麼重要的是，這樣的思考絕不能用來從事瑣碎的事務，例如門把要往哪邊旋轉，或者要以多快的速度攪拌咖啡。

接下來幾章，我將強調無意識在自由的行動中所扮演的角色。我會更深入說明

27 Aristotle, *Nicomachean Ethics* in Derk Pereboom (ed.), *Free Will* (Hackett, 2009), p.4.

如果自由的選擇不表示有意識地進行選擇，那麼自由的選擇究竟是什麼？在此我們至少可以肯定地說，如果有人還是堅持自由的選擇需要經過深思熟慮，那麼即便是我們的主觀經驗，恐怕也無法達到這樣的標準。

你可以有不同的做法

假設你同意你的選擇與思考，就某方面來說是受大腦活動所決定，而你也同意所謂的自由不一定非得在意識層面才能實現。儘管如此，還是有其他問題讓我們對唯物主義的世界觀感到不安，而這也成為近來神經科學的焦點。也就是說，無論人們做什麼，在某種意義下，似乎都是不得不然的結果。你沒有別的選擇。

身體與大腦是一種物理系統。無論什麼時候，它們都處於某種物理狀態，包括周遭環境的狀態。在特定狀態下，依照物理定律，身體與大腦必定以某種方式行動。就像丟到地上的橡皮球會反彈，但不可能無止盡地反彈；又如掉落的岩石必定下墜，不可能飄浮在空氣中。同樣地，每個單一的神經元都根據自身的狀態與所處的環境，觸發或不觸發連結。所以在任何特定的時點，我們實際上不可能做出別的選擇。試圖提出不同主張的人，等於是說我們可以違反自然法則，讓物質客體不受物質因的影響。

想像你考慮是否接受求婚時，腦中一閃而逝的光景。你的大腦處於某種狀態，以某種方式組織而成。當你聽到對方說出「你願意嫁給我嗎？」，你的大腦開始處理這項刺激，也必定以某種方式處理。

若不是從基礎物理學的角度來看，而是以功能的角度觀察，道理也是如此。把大腦類比成電腦也許有點過頭，但人的信念與欲望某種程度來說就像程式的一部分，就像軟體在大腦這個硬體上運作一樣。在這種情況下，大腦當然不可能開放性地產生各式各樣的回應，事實上，大腦勢必只會產出一個解答。

唯一的提醒也許起不了什麼安慰。大腦的運作可能帶有某種不確定性，這種類似運氣的要素，意謂著有時我們會做出某種決定，有時則會做出另一種決定。但我們說過，隨機無法帶來我們追求的選擇自由。無論我們的決定不可避免取決於大腦的狀態，或者是隨機波動，我們都無法做出不同的決定。表面上看來我們可以接受或拒絕，但實際上我們毫無選擇的餘地。

這個觀點值得一書，因為我們經常誤以為只要能跳脫必然性，就能找回我們的自由意志。然而，哈里斯從責任的觀點探討這項挑戰，「我們的意志要麼由之前的因所決定，而我們不用為它們負責；要麼只是偶然的產物，而我們仍不用為之負責。」偶然發生的行動跟決定論因果鏈下的結果一樣，都不是意志的產物。

這種說法對於我們已然接受的自由意志觀念，構成重大的挑戰。談到自由意志，我們直接想到的當然是我可以選擇，而非實際上我如何選擇。這肯定是一般認同的自由意志的觀念核心。尼科爾斯是一名哲學家，他揚棄想當然耳的假設，致力於探討一般人的哲學直覺。我在倫敦一家餐廳跟他碰面，在那裡正好可以看到日常生活中司空見慣的自由意志的例證：我點了羊肉，當然我也可以選比目魚。我們有一種強烈的直覺，相信存在著其他可能，而這種直覺在我們人生初始階段就已牢牢生根。尼科爾斯告訴我他的實驗，他讓兒童看到球滾落箱底，以及某個人觸碰箱底。孩子雖然知道球無論如何都會往下滾，但「即便是四歲的孩子也知道，那個人可以有別的選擇」。

如果對象是成年人，你可以問比較精確的問題，例如，「如果一切條件都不變，你是否有可能點不同的菜？」尼科爾斯說，假如你提出這樣的問題，你會發現「成年人傾向於回答非決定論的答案，他們會說，是的，就算條件都一樣，他們還是可以做出不同的選擇。」

這種傾向影響了人們看待自由意志的方式。在某個實驗中，尼科爾斯與他的同事向受試者解釋決定論的意義，但並未說出決定論三個字。他們確認受試者已經了解決定論的意義，而且將嘗試數次仍無法理解的受試者排除在外。留下來的受試者必須做出選擇，例如要捐款給哪個慈善單位。接下來問他們，如果決定論是真的，那麼他們覺得是自己做出決定的感覺，是不是一種錯覺？「受試者極力表示那是一種錯覺，因為決定論與他們做決定時的感受有所衝突。」

所以「原本可以做出不同的選擇」的直覺，對普遍的自由意志概念影響深遠。但為什麼？應該如此嗎？先回答「為什麼」的問題。伊格曼表示，即使決定論是真的，「當我站在自助餐檯前選菜時，我覺得是自己做出決定的感受很真實。我猜真正讓人困擾的是，如果你讓時光倒流一百次，而且每一次都讓我站在菜盤前，恐怕我每次拿的菜還是一樣的。為什麼這會讓人感到挫折？我猜是因為我們想要相信自己能做出不同的行為，我們不希望自己成為環境與過去的奴隸。」

或許這麼說很自然而然，但「奴隸」一詞帶有太多意義容易造成誤解。在這個例子裡，若說你是個奴隸，意思是當你去吃自助餐時，你的選擇必定受到各種條件的限制：飲食偏好、餐廳提供的菜色、當下你想吃什麼、你認為自己應該吃什麼。這些條件影響你做出的決定。這樣算是奴隸嗎？比較不像奴隸？大家肯定不會認為只能隨機選擇是件好事。如果你不喜歡梅乾，你不會希望有選擇梅乾的自由。人們總是在被決定以及變化無常的隨機選擇之間尋求某種可能。這麼做最終會得到什麼：有能力得到一根香腸與兩片培根，而非兩根香腸與一片培根？無視自己的偏好、信念與欲望而選擇血腸，只為了證明自己能夠選擇？這麼做值得嗎？

再一次，思索這些問題的最佳方式，是暫時將神經科學拋諸腦後，專注於我們的生活經驗。如果有人向你求婚，怎麼樣你才算是有答應或拒絕的自由？除非是強娶，否則沒有人能逼你答應。儘管如此，你對對方的感受、你的欲望、你的價值與計畫，難道不會迫使你做出某種選擇？當然，你可能左右為難、猶豫不決，但這一切只是說明了，人總會有難以做出明確決定的時候。無論當時的你與求婚者處於什麼樣的狀況，也無論當時的你是高興、驚慌還是苦惱，你都不可避免地必須以你自己的方式做出回應。

讓我們換個方式說。某個你不想嫁的人向你求婚，顯然你當下就會拒絕他。那麼，在什麼樣的狀況下，你可以做出不同的選擇，也就是說出「我願意」三個字。

事實上，沒有任何事可以阻止你說出這三個字，但這個選擇顯然脫離現實。你終究要以自己的方式做出回應。不需要神經科學或物理定律，也能得出這個結論。

早在幾百年前，休謨就得出或多或少相同的結論。「動機與自願行為之間的連結，就像自然界任何因果關係一樣，規律且一致，」他寫道。人類的行動源自行動者的性格，就像水源自河流一樣。我們不承認這一點的唯一理由，是因為我們不覺得自己是被逼得做出一貫的行為。我們認為自己的行動是經過選擇的，是因為我們未能感受到那股讓我們不可避免做出某種行為的力量。

要了解為什麼我們不該對此感到不安，我們可以想像如果事實不是如此，結果會如何。如果我們的選擇與行動不是性格、處境、歷史與傾向的產物，那麼我們的行為將變得不可預測，甚至淪為隨機。舉例來說，當你選擇飲料時，你之所以如此選擇是因為你有某種愛好與偏好。這使你的選擇稍具可預測性。然而，如果你的選擇不是源自你的信念與偏好，將不過是反覆無常的結果。雖然你看起來是自由的，實際上卻像鬆脫的氣球漫無目的地飄浮著，被風吹向四處。

自由地接受對方的求婚，不同於相信自己可以做出不同選擇而做的選擇。更確切地說，它是不受外在壓迫影響，擁抱對你而言唯一值得爭取的選擇。自由地選擇一杯咖啡，其實只是單純依照當下的偏好所做的選擇，而不是決定偏好是什麼。

當我們更清楚了解我們可以有別的選擇時，我們真正了解的不過是其他選擇也有吸引人的地方，以及在不同的環境下我們可能會有不同的選擇。這不是說，在那個特定時點，你真的可以做出不同的選擇。舉例來說，某一天你可能選擇喝茶，而不是像平日一樣喝咖啡。為什麼？因為你不是盲目遵循習慣的動物，你發現自己今天其實很想來點變化，不會被迫去做平日做的事；即使就某個意義來說，在每個情境下，你實際上做的每一件事都是被迫的。

做我們能做的事

無論如何解釋，強烈的直覺使我們堅信，無論在什麼時候，我們都不是被迫去做一件事，因為在我們採取行動之前發生的一切都高度可疑。然而，這樣的想法對自由意志的衝擊未定。事實上，它與自由意志的觀念可以融合無間，稍後我將再作說明。

還有一個理由可以解釋，為什麼許多人對於我們無法做出不同的選擇感到不安，因為他們誤以為這表示一切都是命定的與注定的。命運或天意的觀念是指，無論我們怎麼做，都無法改變已定的結局。天意是一種外在力量，它會依照預定的路線引導自然的走向。

湯姆・斯托帕德（Tom Stoppard）的《君臣人子小命嗚呼》（*Rosencrantz and Guildenstern Are Dead*）是絕佳的例子，這齣劇說明如果一切都是命定，我們將落入何等無助的狀態。在駛向英格蘭的船上，羅森克朗茨（Rosencrantz）深信自己被無法控制的命運所捉弄。他渴望逃脫束縛，他靠著船舷望向遠方說：「我可以翻過船舷躍入海中，這樣就能擺脫命運的安排。」但吉爾登斯騰（Guildenstern）接著說：「除非命運正等著你這麼做。」羅斯克朗茨於是改變心意，「我會待在船上，這麼做會攪亂命運的安排。」斯托帕德的舞臺提示道破了核心意旨：**一切都是徒勞，憤怒**。如果我們是天意的人質，那麼無論怎麼做都無法改變結果，就連試圖改變命運也是命運的一部分。

另一方面，物理定律的必然性卻不需要這種預定性。事實上，物理定律否定了預定性。物理定律否認有天意這個外來者伸手干預自然。更確切地說，自然是自己展開的。根據量子理論的不確定性，我們或許不可能預先知道自然最終會如何開展。但自然繼續展開，在每個時刻，接下來會發生的事純粹是迄今已發生的事的結果。羅森克朗茨的想法是對的，他只能做他一直以來不斷在做的事，但他不認為這表示他的人生劇本早已寫好。他是被過去推著走，而不是被已經預定好的未來拉著走。

我們只能做我們已經做的事，這個概念與命運不同，但還是有人搞混了。原因可能是人們無法區別以下兩種觀念：在任何時刻，我們只能選擇我們實際上選擇的東西，以及我們的選擇不會影響接下來會發生的事。有時候哲學家描述的方式，也會助長這種誤解。例如斯米蘭斯基稱決定論「只是既有事實的展開」，這個說法暗示行動者無能為力。[28]

但彼得．斯卓森表示，「沒有人知道自己在做什麼，行為無法從有意識的目的來理解，每個人都生活在虛幻的世界裡，或者沒有人有道德感，這些也許都是真的，卻不是任何決定論的結果。」[29] 就連反對自由意志最力的哈里斯也說：「我們的選擇受限於前因，不表示我們的選擇不重要」，「人類的選擇……確實如自由意志愛好者所相信的，十分重要。」[30]

證據顯示，人們很容易認定決定論與宿命論是一樣的，這使得人們更傾向於反

28 Saul Smilansky, 'Fischer's Way: The Next Level', *The Journal of Ethics*, vol. 12, no. 2 (2008), pp.147-55.
29 P.F. Strawson, 'Freedom and Resentment' in Derk Pereboom (ed.), *Free Will* (Hackett, 2009), p.164.
30 Sam Harris, *Free Will* (Free Press, 2012), p.340.

對相容論（compatibilism）：認為自由意志與決定論相容。（在當代自由意志的論戰中，人們經常認為決定論是一種主張萬物皆受物理定律統治的信念，至於它是否採用拉普拉斯的定義，認為物理定律使一切事物必然發生，則在所不論。）哲學家艾迪・納米亞斯（Eddy Nahmias）懷疑人們「可能以為決定論的因果過程**排除**了心理過程」。意思是說，「無論行動者如何思考、渴望或決定，最終都會做他要做的事。」[31] 決定論通常被說成是「該發生」就會發生，但人們卻把這個意思當成是「事情**無論如何**都會發生」。我們已經看到這種想法並不合理。「事實上，決定論並未排除任何東西，」納米亞斯說，「決定論不認為行為者的欲望、信念與決定，對他們做的事毫無影響。」[32] 決定論不是指我們的決定無法改變任何事，而是認為我們的決定無法被改變。

納米亞斯提出一個可檢驗的假設。「在詮釋決定論時，越是排除心理過程的人，越傾向於否定自由意志。」有一項聰明的實驗可以檢驗這項假說。一半的受試者所看到的決定論內容，完全用神經科學的術語來表達大腦的運作。「最受人尊敬的神經學家深信，我們終將釐清導致我們一切決定與行動的原因，」它說道，「舉例來說，他們認為，我們每次在決定怎麼做時，最終的決定完全是由我們**腦子裡的特定化學**

31 Eddy Nahmias, 'Intuitions about Free Will, Determinism and Bypassing' in Robert Kane (ed.), *The Oxford Handbook of Free Will* (Oxford University Press, 2011), pp.560-61.
32 Ibid., p.567.

反應與神經過程所導致的。神經學家也深信，這些化學反應與神經過程完全是由我們當前的處境及我們先前的經歷所導致的，而這些先前的事件也完全是由更早之前的事件所導致的。如此不斷上溯至我們出生前所發生的事。」它繼續解釋（如果正確的話），「一旦某人的生活裡發生某些特定事件，那麼這些事件日後必定會在這個人的生活中繼續引發其他事件。」

另一半的受試者所閱讀的文本完全相同，不同的是沒有使用神經學家的術語，改用心理學家的話；不談論大腦的過程，而是討論思想、信念之類的東西。它是這麼說的：「最受人尊敬的心理學家深信，我們終將釐清導致我們一切決定與行動的原因。舉例來說，他們認為，我們每次在決定怎麼做時，最終的決定完全是由我們**心裡特定的思想、欲望與計畫導致的**。」其他描述以此類推。

這個實驗的聰明之處，在於兩段內容都將我們最終的行為描述為必然如此。唯一的差別是，第二個版本的決定論清楚顯示思想、信念仍扮演一定的角色，至於第一個版本則只談大腦活動，意識思想毫無地位可言；事實上，許多人真的認為決定論就是如此。而正如實驗前的預測，以心理學描述時，有百分之八十三到八十九的受試者認為行為者是依照自己的自由意志行動，他們的決定來自於自己的選擇，也對自己的行為負有道德責任，因此值得讚揚或責難。相反地，以神經科學描述時，只有百分之三十九到五十二的受試者相信以上陳述。實驗結果提供了可信的證據，顯示人們之所以否認自由意志，不是因為相信決定論本身，而是抱持著某種命定的想法，認為無論我們思索、相信或決定什麼，都不會影響我們去做我們會做的事。納米亞斯花了很大的工夫，確定他的受試者真的理解人無法做出不同選擇的意義。他還做了其他主旨相同的實驗。

實驗結果完全扭轉一般人對於自由意志的直覺。討論自由意志的哲學作品通常會把以下說法當成不證自明的事實：人類天生就是不相容論者，不相信自由意志與決定論可以共存。於是舉證責任便落到相容論者，他們相信自由意志與決定論可以共存，他們必須證明為什麼就算我們無法做出不同的決定，我們仍擁有自由意志。然而，納米亞斯的研究顯示，當人們正確了解相容論的意義時，他們便傾向支持相容論的主張。納米亞斯表示，「真正的不相容論者其實少之又少。」這麼說並不能證明相容論是對的，卻能夠讓舉證責任交棒，從而證明相容論不是哲學家眼中那種巧妙規避的學說，相反地，它要比原先所想的更貼近一般常識，「充其量只是輕微的修正理論，而非大規模的革命。」這裡對於相容論的看法，也可適用在其他觀點；在否認狹義決定論的必然性之下，同意人在行動時不可能去做自己不會去做的事。

人的直覺傾向接受相容論或不相容論？這個問題基本上是錯的。你可以問問大家是否同意這樣的陳述，例如「如果決定論是真的，那麼人就不用為自己的行為負責」，但尼科爾斯指出，「一般人根本不會想這種問題。結果就是，假如你這麼問，他們就會回答是。因為他們根本不了解不相容論。」

太多哲學思維天真的神經學家及他們的支持者，提出了無以為繼的觀點。其中有許多人投入了我所謂的新拉普拉斯計畫，試圖找出信念與行動背後的物質因與神經因。這讓一切又回到老問題上，那就是在鐵鎚眼中，任何東西都是釘子。如果你執著於尋找行動的神經因，那麼你找到的行動因將只會與神經有關，於是理所當然你只會找到神經做為行動的因。但這麼做不合邏輯。

了解腦科學對自由意志的挑戰，可以讓我們清楚看到有三個假設，讓我們在思考自由意志時誤入歧途：一、自由的選擇不應該受到過去的因所決定，甚或受到過多的限制；二、自由的選擇必定是意識行動的結果；三、能夠自由的選擇意謂著你可以做出其他的選擇。

我已經點出這三個假設有許多疑點，而到了本書末尾，我希望能證明這三個假設均為偽。我會提出積極的自由觀念，不需要規避物理定律；我會指出所有的自由選擇都是有意識的，或者我們做出不同選擇的可能性。

我的說法必須能夠解釋，為什麼因腦瘤而成了戀童癖的人與我們其他人不同，以及我們的行動就某種意義來說也是受到大腦所驅動。關於這一點，我會在討論精神病患的章節再做說明。

現在，我們已經充分看到腦科學無法擊倒自由意志。但是會不會有其他更具威脅性的事物呢？我們的選擇有沒有可能不是寫在星辰或大腦，而是寫在我們的基因裡？

03 遺傳學家

每次讀到雙胞胎從出生就分離的故事時，大多循著最引人注目的一對兄弟所立下的敘事模式：詹姆士・斯普林格（James Springer）與詹姆士・路易斯（James Lewis）這對孿生子在一個月大的時候，分別交由不同家庭收養，然後在三十九歲時再度團聚。《華盛頓郵報》一篇報導提到，當明尼蘇達大學心理學家湯姆斯・布查德（Thomas Bouchard）見到他們時，發現兩人「都娶了名叫琳達的女人，也都離了婚，再婚的對象都叫貝蒂；兩人都對機械製圖與木工有興趣；在學校最喜歡的科目是數學，最不喜歡的則是拼字。兩人都抽菸，酒量差不多，連頭痛的時間也一樣」。兩人相似的地方多得讓人難以置信。他們會成為什麼樣的人，似乎泰半都已經寫在他們的基因裡。

領先全球的明尼蘇達州雙胞胎與家庭研究中心（Minnesota Center for Twin and Family Research）進行的其他研究顯示，我們的各種特徵有超過百分之五十來自遺傳，包括領導力、守舊或服從權威；幸福感與對生命的熱情；疏離感、脆弱或抗壓性；膽小或喜歡冒險；還有審美能力。其他研究者也指出，即使是一些核心議題，如宗教、人生伴侶與政治，我們的選擇也多半取決於基因，而非我們怎麼想。

這是否威脅到我們的自由意志？「我的基因要我這麼做」會比「我的腦子要我這麼做」更令人不安嗎？要回答這個問題，我們必須先釐清遺傳研究到底說了什麼。

都是基因惹的禍

提姆．斯佩克特（Tim Spector）在倫敦國王學院研究同卵雙胞胎已有二十多年的時間。我前往他位於聖托馬斯醫院的辦公室與他見面，請教他基因是否真能決定我們是誰，而他給了我審慎且有所保留的回答。然而，如果我是在他自認「對基因研究極度狂熱」的那個時期與他相談，恐怕他給我的答覆會全然不同。

在研究之初，斯佩克特發現同卵雙胞胎的相似程度遠高於一般兄弟姊妹與異卵雙胞胎。那時候，「社會科學家痛恨這個觀念」，他們反對基因是決定一個人的重要因子，「特別是一些極具爭議的領域，像是智商、人格與信仰。」斯佩克特對基因研究的狂熱，有部分是為了回應「那些完全否定基因影響的人」。身為「把基因中心論視為理所當然的眾多科學家之一」，斯佩克特想要「證明反對者是錯的，以及一切事物在某種程度上都可以從基因來解釋」。斯佩克特在他的作品《同中求異》（*Identically Different*）裡回憶說，他花了「十七年的時間進行了數百次雙胞胎研究，試圖說服懷疑的大眾與科學界，相信每個特徵與疾病都有其重大的基因影響」。[1]

斯佩克特對基因如此痴迷，原因或許不難理解。一九九〇年發起的人類基因組計畫（Human Genome Project），企圖繪製完整的人類DNA序列圖譜，這項十年計畫標誌著樂觀主義的巔峰，相信基因能告訴我們豐富的訊息。當時的《科學》（*Science*）雜誌編輯丹尼爾．寇許蘭（Daniel Koshland）捕捉到整個時代的氛圍，他寫道，「基因組計畫可以帶來的好處很明顯。一些疾病，例如躁鬱症、阿茲罕默症、思覺失調症與心臟疾病，或許全都是多基因疾病，要找出病因甚至比囊腫性纖維化還困難。然而，這些疾病是當前許多社會問題的根源。」[2]而基因可以協助我

1 Tim Spector, *Identically Different* (Phoenix, 2012), pp.7-8.
2 Daniel E. Koshland, ‘Sequences and Consequences of the Human Genome’, *Science*, 246 (1989), p.189.

們解開所有疾病的祕密，不管是心理上還是肉體上。

十年後，當時的美國總統與英國首相都受邀「慶祝人類基因圖譜第一份草圖的揭露」，人類基因組計畫主持人法蘭西斯・柯林斯（Francis Collins）如此表示。[3]「在這樣的日子裡，我們如履薄冰，」美國廣播公司新聞主播說道，「這個圖譜標誌著大發現時代的來臨，它將影響每一個人的生活，衝擊的層面遍及科學、歷史、商業、倫理、宗教，當然也包括醫學。」

屆時，基因不再只是探尋健康的鑰匙，而是解開幾乎所有人類存在奧祕的萬能鑰匙。每個生活面向，包括犯罪、忠誠、政治傾向、宗教信仰，人們都會宣稱找到了對應的基因。二〇〇五年，一位叫史帝芬・莫布里（Stephen Mobley）的美國人為了逃避死刑，宣稱自己殺害披薩店經理是因為單胺氧化酶A基因發生變異。法官駁回他的上訴，理由是法律還沒準備好接受這種證據。[4]然而，L型變種的單胺氧化酶A基因是暴力的主要促成因素，這個基本觀念已廣被接受，現在它普遍被稱為「勇士基因」（warrior gene）。

近年來，科學界對於基因的信仰逐漸退燒。回到一九九〇年代，當時遺傳學家史帝夫・瓊斯（Steve Jones）表示，「對於人類行為的遺傳學有興趣的人，談起事情

3 ABC News, 26 June 2000, archived at http://abcnews.go.com/Archives/video/human-genome-map-dna-10190454.

4 Nigel Eastman and Colin Campbell, 'Neuroscience and legal determination of criminal responsibility', *Nature Reviews Neuroscience*, 7, pp.311-18(April 2006).

來總是充滿自信。」而他在當時已經看出這樣的態度不太妥當。「很多人宣稱他們找到了躁鬱症、思覺失調症與酗酒的單一基因，但這些主張都已經被推翻了。」[5]

今日幾乎沒有科學家會宣稱自己發現「暴力基因」。事實上，只要是談到跟人類有關的事，特別是人格特徵與信仰，一般都會同意沒有任何「單一的基因」可以決定任何事。幾乎所有的遺傳特徵都是無數基因交互作用下的產物。然而，不存在單一觸發型基因，不表示我們許多最深刻的性格特徵、脾氣、甚或意見，完全不受基因影響。

近年來興起的表觀遺傳學（epigenetics）認為，許多遺傳特徵只會在某些環境下「開啟」，但這樣的主張也僅能稍稍減緩基因決定論所引發的憂慮。之所以無法完全解除，在於絕大多數開啟或關閉的過程都是發生在孕期或童年初期。因此即使發現基因是在懷胎後設定，依然無法排除「我的基因要我這麼做」的憂慮。

除非我們能理解遺傳學到底在做什麼，否則難以卸下心中的憂慮。這裡的關鍵概念是遺傳性（heritability）。我們常聽到許多特徵是高度遺傳的：智商大約百分之七十來自遺傳，精神性（spirituality）大約百分之四十到五十，幸福感大約百分之五十。這些數字看起來很高，但它們的實際意義與未受過統計學訓練的一般人所理解

5 Steve Jones, *The Language of the Genes* (HarperCollins, 1993), p.180.

的，恐怕有一段差距。

風濕性關節炎大約百分之六十到七十來自於遺傳。但斯佩克特發現，「女性同卵雙胞胎其中一人罹患風濕性關節炎，另一人即使過著類似的生活模式，依然有百分之八十五的比例不會得病。」根據他的研究，絕大多數疾病都是如此，「雙胞胎罹患相同疾病的機率很少超過五成，數字通常很低。」

如果有百分之六十或更高的遺傳性，結果怎麼會如此？一般人常犯的錯誤是，聽到自閉症有九成是遺傳性的，就以為自閉症患者有九成是遺傳自父母。然而，「這跟遺傳的可能或風險無關，」斯佩克特說：「記者都搞錯了。我們研究了不忠的行為，發現百分之五十與遺傳有關。記者就說，如果你的父母有人搞外遇，那麼你就有百分之五十的可能會搞外遇。但這是不對的。」

如果遺傳性指的不是遺傳的可能，那麼究竟是什麼？「遺傳性是指，在一定人口中，有多少變異與基因有關，」斯佩克特解釋。重點是，如果加入環境要素，這個數字就會出現變化。

一個明顯的例子是吸菸與肺癌。我們知道吸菸是罹患肺癌的主因。如果每個人每天都抽二十根菸的話，會發生什麼事？在這樣的世界裡，每個人都暴露在等量的致癌物中。但並不是每個人都會得肺癌。那麼是什麼造成其中的差異？答案就是遺傳易感性。在這樣的環境條件下，肺癌幾近百分之百是遺傳性，也就是說為什麼有些人會得肺癌，有些人卻不會，唯一的解釋就是基因。儘管罹患肺癌幾乎全是環境造成，但在此若說是基因決定也沒錯。

另一個明顯的例子是身高，百分之九十與遺傳有關。但如斯佩克特指出的，「荷蘭人在五十年間長高了六英寸」，而「你不可能在五十年間改變基因」。基因是好的預測指標，可以預測你會長得比同儕高還是矮，但基因無法預測你會長多高，除非你知道環境是否有利健康成長。

因此，遺傳性無法告訴你遺傳某種特徵的機率，因為它總是受到環境的影響。斯佩克特以智商為例來說明，平均而言，智商有百分之七十與遺傳有關。「如果你到了美國哈佛附近，關連性會提高到百分之九十，」斯佩克特說。為什麼？因為能夠進哈佛的人多半來自中產階級家庭，這些家庭提供孩子很棒的教育機會。在教養方式類似的狀況下，剩下唯一的變因幾乎就只剩基因。相較之下，「如果你到底特律的市郊，那裡充斥古柯鹼，還有一堆單親媽媽，則智商與遺傳的關係就近乎零，」因為糟糕的環境所造成的影響大於一切。一般來說，斯佩克特相信「環境對智商的影響絕對大於遺傳」；對人類其他特質也是如此。這是為什麼如果你想預測某個人是否相信上帝，知道他住在德州要比知道他的基因更管用。

對統計學的無知，使人忽略了環境因素的重要性，但這還不是被忽略的唯一因素。我們很容易被同卵雙胞胎的相似點所迷惑，忽略了他們的相異處。我很驚訝地發現，就連丹與史考特這樣的雙胞胎也會如此。他們其中之一（我很難分清楚誰是誰）告訴我，「我們學校裡有幾對雙胞胎，我覺得那是我見過最詭異的事了。我搞不清楚誰是誰，我總是忍不住看著他們，我想別人大概也是用同樣的眼光看著我們。」我是在倫敦科學博物館的雙胞胎活動上認識丹與史考特，他們告訴我，第一次參加這種聚會時，「我們只是四處閒逛，心裡想著，『這實在太詭異了！』」另一對雙胞胎瑪格麗特與海倫也笑著承認她們有類似的經驗。有時連遺傳學者也會玩這種把戲，好吸引人們注意他們的研究。舉例來說，來博物館參加活動的雙胞胎被要求穿上一模一樣的衣服，丹與史考特對此「感到很不舒服」。

然而，驚異感總是將我們的注意力吸引到不一樣的東西上頭。「當你看到雙胞胎時，」斯佩克特說道，「你總是會特別注意他們不經意流露的小動作、言談舉止、姿態以及他們笑的方式。他們的坐姿相同，叉腿的動作相同，甚至拿咖啡的動作也一樣，儘管兩人彼此怨恨或分隔兩地生活。」我們忍不住以為這些事反映了更深層的相似性，儘管實際上這些只是膚淺的表徵。斯佩克特同意這種說法，他認為「我們確實過度渲染了這些事情的重要性」。舉例來說，雖然我無法區別瑪格麗特與海倫，但她們的確在各方面都不相同：一個重理論，一個重實務；一個是雙性戀，一個是異性戀；一個是工會分子，一個是自由民主黨員。

在一些較可信的雙胞胎故事中，例如兩個吉姆的故事，其實也有潛在的報導偏誤。斯佩克特指出，參與明尼蘇達州研究的雙胞胎回答了數千個問題。若把常用名字及品牌的流行度納入考量，那麼光憑機率也可以預測研究中一定會出現雙胞胎有名字相同的配偶，或兩人都喜歡喝同一個牌子的啤酒。

就我的經驗來看，如果你可以停止盯著雙胞胎的相似處看，仔細聆聽他們的故事，你會發現他們之間的差異就跟相似的地方一樣明顯。

是環境決定了表現

在威爾斯中部的波伊斯（Powys），一個已經有五個小孩的工人階級家庭，最不希望的就是再生出一對雙胞胎。所以這對雙胞胎姊妹被分別送給兩個姑姑撫養。三個月後，茱蒂又被送回生母身邊，因為姑姑也有子女要扶養，自顧不暇。但是對於另一對膝下無子的五十歲夫婦來說，撫養安是他們成為父母的最後一個機會，於是安被留了下來。

雖然兩個女孩在同一個鎮上成長，但她們住在不同的地區，上的學校也不一樣。她們很少有見面的機會，也許是因為安的養父母不希望她們有關係，擔心有朝一日安會想回到生母身邊。兩個女孩在同一個地方上主日學，但那不是聊天玩耍的地方，因此兩人還是陌生。

這兩個家庭差異甚大。茱蒂的父親在煉鋼廠裡開運貨火車，母親則跟當時絕大多數的婦女一樣是家庭主婦。他們住的是兩房兩廳的兩層樓房子，廁所位於屋外園子的盡頭。茱蒂五歲時，四個哥哥都已經開始工作，只有姊姊伊芳在家裡跟她作伴。茱蒂提到，「雖然我年紀最小，但在家裡面我是老大。」

安則是在一九三九年建造的雙拼住宅中被撫養長大，以當時的標準來說，這棟房子算是相當不錯了，屋內有間廁所，住宅後方也有一間廁所。安的父親也是煉鋼廠工人，但他們的日子相對比較好過，部分原因是他們先前沒有小孩，也因為他們用錢謹慎。家族成員總是形容安的母親「可以從跳蚤身上刮下半便士的油水」。安記得家裡的「糖罐總是不會填滿，這樣才不會不小心用了太多糖。他們對錢可是吝嗇得很。」安形容他們是「維多利亞時代的人」，禁欲的價值觀反映在她母親「不搽口紅也不穿胸罩」上。

兩姊妹在安的家裡告訴我這些事，我們享用著咖啡與自家烘焙的威爾斯糕點。安回憶說：「我有很多自己的時間。」茱蒂則說：「我整天在外頭遊蕩，一直到十三歲才有辦法靜下心來好好坐著。我常跑體育館，我們會爬樹，到處爬上爬下的。我就像個小男生一樣調皮搗蛋。」

「我愛看書，」安說。「這或許是不一樣的地方。我總是黏在書上，因為我只有自己一個人。」

「我不記得我在十一歲前讀過什麼書，」茱蒂說，他們家一本書也沒有，「只有聖誕節時讀過一本書。」但安提醒茱蒂，她父親買了一套百科全書。

「第五冊是名人傳記，我也只讀過那本，」茱蒂說道。「我完全不想讀書。」

「我喜歡讀書！」安答腔。

安接著表示，「因為住的地區的關係，我讀的是比較好的學校，茱蒂讀的是沒那麼好的學校。」不意外地，安通過十一級考試，上了文法學校，而茱蒂未能通過考試，最後進入一般高中。反倒是茱蒂自己感到意外。

「我很訝異自己沒有通過考試，因為我很清楚我是班上最聰明的學生，」茱蒂說起這件事時仍忿忿不平。當時的情況跟現在一樣，家裡有書以及父母與學校願意督促你念書，要比你遺傳到的智商影響更大。

後來茱蒂有了第二次機會。她在十五歲時靠著優異的算術能力，取得蒙矛斯郡的教育證書。「他們看到我的成績嚇了一跳，」她回憶說。「所以他們給我上文法學校的機會。」

茱蒂到文法學校念書時才開始學習幾何和代數，足足落後其他同學三年。對她來說當然很辛苦，「可怕的數學老師非但沒有幫我，反而數落我，『妳怎麼跟妳的姊妹差這麼多。』」雖說天賦很重要，但當社會結構對你不利時，天賦根本起不了作用。四個月後，茱蒂輟學到家具行工作。

而安原本在學校裡一帆風順，卻在十六歲時也輟學，因為她六十六歲的老父親退休了，「他們得靠退休金生活，而我還待在學校念書，實在過意不去。」儘管父母希望安繼續念書，但安還是選擇離開學校到議會辦公室工作。姊妹兩人從此踏上不同的道路。安從事白領工作；茱蒂成了工廠工人。茱蒂曾經希望有所突破，所以到巴斯受訓成為一名護士。現在回頭看，她卻覺得當初的想法很可笑。「我絕不可能當護士！」受訓六個月後，茱蒂懷孕了，於是返鄉結婚。

就在這裡，我們看到雙胞胎不可思議的相似處。安也懷孕了，比茱蒂早了兩個月，她也因此離職。不僅如此，兩人的丈夫後來也都有暴力傾向。

然而，差異處還是比各種巧合般的相似處更具意義。安的婚姻沒有持續多久。「我離開了，回到家，父母知道事情始末後都很支持我。」相較之下，茱蒂維持了十七年的婚姻。「心靈上我確實離開他了，但實際上我又不斷回去，」因為她得不到支持。「當時我有三個小孩要養，而我才二十一歲。我想回我爸媽家，但我媽老是嘮叨麵包有多貴，她總是操煩這些事，」茱蒂面無表情地說。「我媽的態度是，反正這一切都是妳自做自受。」

安完全可以理解茱蒂的無奈。「想像她待在家裡，身邊帶著三個小孩，沒有學歷，前途茫茫。至少我還看得到未來。」

安後來繼續念書，取得教師資格，最後還在空中大學取得數學學位。「後來我當上小學副校長，我很喜歡這份工作，」安說道。

茱蒂直到快三十歲的時候才又重拾書本。她在蔬果攤工作時，有人告訴她培訓計畫的事，她很驚訝「這是個有人出錢讓你上大學的計畫」。儘管計畫已經額滿，但茱蒂的決心與毅力還是為她爭取到機會。課程最後需要通過十三次考試，茱蒂每一項都通過了。「我的人生終於有了改變。也就是在這個時候，我才了解家暴不見得都是我的錯，所以我決定離開他。」起初她在一家律師事務所工作，學會了如何離婚。後來她從事公職三十年，「我喜歡這份工作，我樂在其中。」

茱蒂與安真正開始建立姊妹關係，是安在報紙上讀到明尼蘇達州的研究。她寫信給大學，提到她與茱蒂的生涯歷程。她們在四十八歲那年一起到美國旅行。現在兩人都已經退休。茱蒂說：「雖然起點不同，但我們走的距離都是一樣的。」

當然，兩人的經歷有著重大差異，也成為不同的人。最明顯的是，安在經濟上比較充裕，不同的家庭背景也對她們的健康造成影響。「茱蒂切除了子宮，我沒有，」安說道，「茱蒂的腎有問題，我沒有。茱蒂有高血壓，我沒有。但茱蒂比我健壯。」

「我比較有活力，」茱蒂補充，「還有我的手在冷水裡可以泡比較久。」此外，茱蒂三十二歲就裝了假牙，但安的牙齒還是完好如初；茱蒂是個菸槍，而安完全不抽菸。這也是為什麼在明尼蘇達州進行研究時，茱蒂只能在跑步機上跑六分鐘，而安卻能跑上至少十二分鐘。」

兩人在社交上的想法與做法也不同。雖然兩人的政治觀點很像，但茱蒂說：「我是個基督徒，嗯，或許應該說是不可知論者吧。」而安則是個無神論者。安認為自己「做事較為圓融。茱蒂則有點粗枝大葉。或許與教育背景有關。說『干涉』可能太過了，但茱蒂確實經常告訴她的孩子們該怎麼做，而我不會那樣。」

「安比較容易被騙，」茱蒂說。「她沒有吃過苦。」

「我總是相信大家會說真話。」

「我是覺得不對就會說出口的人，」茱蒂說。

「她比較黑白分明，」安同意說。

「對就是對，錯就是錯。」她們相信兩人之所以會有這樣的差別與文化有關。安往往採取比較符合禮節的中產階級做法，茱蒂則是直來直往的工人作風。這樣的差異也反映在他們的選擇上。

「我喝伏特加，」茱蒂說。

「我喝葡萄酒，或琴酒，或氣泡水，」安說。

對於那些深受雙胞胎故事吸引而相信我們都受基因操控的人，安與茱蒂的故事是個有價值的反思。當然她們在許多方面都很類似，但坐在她們對面的沙發上，相信不僅是我，任何人都會認為她們是完全不同的兩個人。我們的基因設下了可能被形容為機率的東西。基因針對我們可能成為什麼樣的人劃下界線，所以無論我們如何被撫養長大，我們的個性是內向或外向，聒噪或安靜，擅長語言或數字，都離不開這個範圍。但這不表示基因鉅細靡遺地寫下我們會成為什麼樣的人。說得更明確一點，我們的基因草擬了各種可能，但只有環境才能決定哪一種可能會具體顯現出來。

選擇是根據什麼而來？

基因研究是相當新的領域，過去數十年來總是能夠輕易登上報紙頭條。但隨著研究發展，有識者都同意先天與後天平分秋色。先天與後天在形塑我們的過程中都扮演重要的角色。儘管如此，還是無法平息遺傳學對自由意志提出的根本挑戰。我們來想想，後天對於我們是誰是怎麼說的。舉例來說，宗教信仰向來是一個人身分認同的核心。但伯特蘭・羅素（Bertrand Russell）指出，「除了少數例外，一個人信仰什麼與他的生活社群有關。顯然，環境才是決定一個人接受宗教的原因。」[6] 即使是例外也能證明這一點。舉例來說，有些盎格魯撒克遜英國人改信伊斯蘭教，然而在伊斯蘭教於英國形成少數群體之前，英國根本沒有人信仰伊斯蘭教。宗教信仰多半是繼承來的，但不是透過基因，而是在父母的影響下經由社會化得來的。

各種道德信仰更明顯是文化生活的產物。在英國肯特郡（Kent），人們覺得吃狗肉很噁心，但韓國人可不這麼覺得。同樣地，人格特質也受到成長環境的影響，好比說美國人通常比英國人更容易感情流露。政治立場也深受社會環境影響。如果你生長在薩里郡（Surrey）的富裕郊區，自然會比在格拉斯哥內城廉價公寓長大的人更傾向於保守派。

自由意志的問題無法靠先天與後天之爭來解決。這裡的問題在於：我們看起來是先天與後天的產物，此外**再無其他因素**，所以重點只是先天與後天的比例如何。先天＋後天＝百分之百的我們。你是被你以外的力量所形塑，你無法決定你自己是誰。因此，當你在人生中做出重要選擇時，選擇的根據其實是你無法選擇的信念、價值與性格傾向。就這個意義來說，你的選擇根本不自由，因為你無法成為與原本

6 Bertrand Russell, *Why I Am Not a Christian* (George Allen & Unwin, 1957), p.9.

的你不同的人。

雖然這麼說令人不安，但我們找不出其他的可能。舉例來說，你支持財富重分配的稅制，因為你覺得這麼做比較公平。這樣的公平感從何而來？你可能經過一番思索才做出這個結論。然而，在思考過程中，你融入了什麼？能力以及與生俱來的性格，資訊以及你獲得的思考技術。換言之，遺傳因素與環境因素的結合，再無其他。你毋須對自己如何出生負責，也毋須對自己剛出娘胎時所面對的世界負責。等到你逐漸懂事，可以充分自我覺察與自我思考的時候，你的人格與外貌早已定型。是的，你的想法可能隨著年紀增長而受到經驗或書籍影響，但我們還是得說，你並未選擇任何事物來改變自己。我們說「這本書改變了我的人生」，而不是說「我用這本書改變了我的人生」，這無異承認我們是讀了這本書，但我們並未選擇如何改變；我們只是跟過去不再一樣了。

討論自由意志的文獻總是將重點放在選擇的當下：在那個時刻，我是否能自由地做出不同的決定？當我們問這個問題時，通常只能得出一個可行的答案。有時是因為環境限制了我們。但或許更根本的原因是，在做選擇的那一刻，我們無法做出不同的決定，是因為我們只能是自己，我們無法做出不是自己的決定。因此認為我們可以自由地做任何事，是沒有意義的。選擇者的本質是決定他能選擇什麼的關鍵：**我們是誰**決定了**我們做什麼**。

這可以讓我們更清楚當人們在思考自由時，究竟什麼才是真正重要的？支持一項行動最強有力的理由是，身為一個人，你擁有你的價值與信念，你不可能去做違背你的價值與信念的事。這也是為什麼當我們問起一個人選擇的原因時，他通常會訴諸他的欲望與價值。舉例來說，佛斯特曾經寫道，「如果我必須在背叛國家與背叛朋友之間做選擇，我希望我能有叛國的勇氣。」理由是他看重友誼更甚於「崇高的目標」；後者是他痛恨的東西。[7]

對我們來說，要稱得上真正的自由，必須在某種意義上為自己是誰負責，而這個責任必須「溯及最根本的地方」：它必須追溯到你自己身上，也就是你珍視的價值與信念，你的行動的基準。如果我們不需要為自己是誰負責，又何需為自己的所做所為負責？如果人們毋須為自己熱愛宗教更甚於國家負責，那麼當他們基於宗教理念而犯罪時，我們如何能指責他們？然而，若考慮先天與後天的雙重角色，那麼我們抱持的價值與信念就與選擇無關。我們是被我們終究無法控制的力量所形塑。這種想法會讓許多人因此認定自由意志與責任是不可能的。如果你深入探索自己是

7 E. M. Forster, 'What I Believe', *The Nation*, 16 July 1938.

誰，最終（不需很久時間）你會發現一些自己無法控制的因素。而如果我們無法控制這些因素，又如何能為這些因素負責？

然而，稍加反思，我們應該對自己無法控制這件事抱持較樂觀的看法。要接受這一點，首先必須了解，一個人的行動若非源自價值與信念，他肯定非常古怪。越是能夠認同這一點，我們會更明白我們其實沒有太多自由去選擇不同於自己的行事方式。舉例來說，一五二一年時，據說改革派教士馬丁・路德（Martin Luther）曾在沃爾姆斯帝國議會（Diet of Worms）上對指控他的人說：「這是我的立場，我別無選擇。」他的信念如此堅定，以致於不可能做出不同的選擇。這不是否定他的自由，而是主張他可以自由地依照自己的價值來行動。

神智清楚的人不會想要擁有可以任意選擇的能力。如果你對暴力感到恐懼，那麼你真正希望的是免於受害，而非擁有自由施加暴力的能力。任意選擇的權力是不值得追求的自由。相信自己無論拒絕或接受人生伴侶都沒關係的人，顯然不覺得有需要做出決定。我們希望自己在做任何決定時，都是出於信念與價值的必要性而做出選擇。

我們不可能一下子就改變自己的性格，也不希望如此。基督徒不想擁有某天醒來變成穆斯林的自由。愛家的男人不想發現忠於妻兒的自己可以輕易跟換宿女孩私奔。蕭士塔高維奇（Shostakovich）的樂迷通常不希望自己一夕間就轉而迷上安德魯．韋伯（Andrew Lloyd Webber）。

重點是，這些主要信念在我們眼中不是一種**選擇**。你喜歡你做的事，因為你覺得這些事很棒。你和你願意生活的人一起生活，因為你愛她。你支持某個政治理念，因為你認為它符合公平正義。你不會說是你選擇了你認為很棒的事、你該愛的人或公平正義的理想。把這些基本的信念視為選擇很奇怪，這或許是因為現代人強調選擇是自由的核心所造成的扭曲。

此外，有人認為凡是理性的動物都能選擇自己的基本傾向與價值。這個想法有點矛盾。這樣的選擇是根據什麼而來？少了價值與各種傾向，人就沒有偏愛某個選擇的理由。想像在天堂的大廳，大家等著投胎。天使問你，你要當共和黨員還是民主黨員？如果你的內心沒有任何信念與價值供你選邊站，你如何回答這個問題？不可能的。

人們從未懷疑自己的個性從出生就已決定。許多人，或許是絕大多數的人，相信出生的時間決定了一個人的性格，從歷久不衰的占星術就可以看出這一點。而不管在哪個文化裡，人們都相信孩子會模仿父母。探討先天與後天的影響固然有趣，卻無法改變一個人無法選擇自己的特徵這項事實，也沒有人認為自己可以做出這樣的選擇。

信念與價值受性格特徵影響的程度或許不是那麼容易辨識。舉例來說，我們會欣然接受自己天生個性外向的說法，但提到自己的政治傾向至少有部分受到個性與成長過程影響時，卻無法坦然面對。但接受這種說法終究要比否認來得誠實。承認我們的信念與價值受到我們無法掌控的因素形塑，反而能讓我們進一步檢視自己的信念與價值，讓我們去思考，若換了不同的成長過程與性格，現在看似理所當然的事物是否依然理所當然。唯有認識到有多少事物不在我們的掌控之內，我們才能真正掌控我們能掌控的東西。或許最重要的是，承認自己的信念是無法選擇的過去的產物，我們就不會那麼固執己見，也更能了解他人的想法。當然，這不是說事物毫無標準可言，或者無對錯之分。但這確實說明人不可能完全客觀，所以我們應該謙卑地承認，縱然客觀真實值得我們努力追求，但沒有人可以說自己完全做到了。

有些人可能還無法接受這樣的想法。但除非我們停止先天後天之爭，否則對許多人來說，要求人們為自己的行為負責並不公平。哲學家蓋倫．斯卓森認為，這個道理「顯而易見，過於強調反而會模糊焦點」。他冒著可能失焦的風險，將這個想法背後的推論予以形式化，形成他所謂的「基本論證」：一、沒有任何事物是自己的因（*causa sui*）。二、為了替自己的行為負起道德責任，行動者必須是自己的因，至少在某些重要的心靈層面是如此。三、因此，沒有任何事物真的具有道德責任。從這個論證可以得出：「根據一個人的行動來施予獎懲，與根據一個人的（天然）髮色與（天然）臉形來施予獎懲，兩者同樣符合公平正義。」[8]

自由與責任

自因這個觀念，如尼采所言，是「迄今為止可想像的最佳的自我矛盾」，但這個論點讓許多人無法辯駁。[9] 然而，唯有當我們假定唯一真正的責任是**最終的**責任時，它才是正確的。這個「最終責任的條件」是由羅伯特．肯恩定義的：「要最終地為一項行動負責，行動者必須對任何造成行動發生的原因與動機負責。」[10] 這是很難滿足的條件，我們當然也不會把它運用到日常的責任概念中。

在過失（negligence）的例子中最是明顯。想像你拖延屋頂的修繕工作，結果在

8 Galen Strawson, 'The Impossibility of Ultimate Moral Responsibility' in Derk Pereboom (ed.), *Free Will* (Hackett, 2009), p.299.

9 Friedrich Nietzsche, *Beyond Good and Evil* [1886], trans. R. J. Hollingdale (Penguin, 1973), p.32 (§8).

10 John Martin Fischer, Robert Kane, Derk Pereboom and Manuel Vargas, *Four Views on Free Will* (Blackwell, 2007), p.14.

一場強烈的暴風雨中，屋頂塌下來壓死或壓傷了人。如果沒有暴風雨，屋頂也不會倒塌，而天氣顯然不是你能控制的。儘管如此，這不表示你不用為自己未盡修繕的行為負責。

如果唯一真正的責任是最終責任，那就不會有其他責任了，因為發生的每一件事都涉及我們控制內與控制外的因素。約翰・馬丁・費雪（John Martin Fischer）簡要而精確地表示，「完全控制就是完全幻想——形上學的自大狂。」[11] 而且，為什麼我們要認為只有這種責任才算數？丹尼爾・丹內特（Daniel Dennett）在評論蓋倫・斯卓森時提到，「他如此定義最終責任，將使最終責任無法成立。那好吧，改成**幾乎是**最終責任如何？行得通嗎？」

許多聲稱能拆穿自由意志的主張聽起來強而有力，但除非你接受真正的責任就是最終的責任。斯米蘭斯基至少願意好好說明他的假設。在這個我認為對「最終」極度執著的例子裡，斯米蘭斯基寫道，「如果不存在自由意志主義的（libertarian）自由意志，就沒有人能最終地控制行動，最終地為自我與自我的決定負責。在相容論層次上發生的**一切事物**，最終將成為狹義決定論層次上的『單純存在之物』，最終只會源自於參與者控制之外的因。」[12] 這個說法我再同意不過，但如果我們把這段話

11 Ibid., p.67.

12 Saul Smilansky, 'Free Will, Fundamental Dualism, and the Centrality of Illusion' in Robert Kane (ed.), *The Oxford Handbook of Free Will* (Oxford University Press, 2011), p.428.

再讀一遍，把所有的「最終」去掉，那麼他的論點將不攻自破。

在定義責任時，幾乎所有否認自由意志的人都把責任當成全面而絕對的，要不就認為責任完全不存在。荷蘭神經學家斯瓦伯曾說自由意志是「幻覺」，他支持約瑟夫・普萊斯（Joseph L. Price，一名科學家，而非哲學家）對自由意志的定義：「不受外在或內在的限制下，選擇行動或不行動的能力。」無怪乎他不得不說：「目前的神經生物學知識清楚顯示，沒有絕對自由這種東西。」同樣地，他主張腦子裡無意識的決定過程「並沒有留下空間給有意識的自由意志」。[13] 這話說得沒錯。唯一的問題是，我們為什麼要相信這類**絕對**或**純粹**的自由是可能的或必要的。

這個問題的答案可能要從基督教思想的發展中去尋找。雖然人們經常假定自由意志是一種無因的行動與思想，但事實上這樣的想法就地理上與歷史上而言皆不普遍。或許這個觀念是西方文化的產物。這裡有個寶貴的資訊來源，就是已故的古代哲學研究者麥可・弗雷德（Michael Frede），他對古典思想中自由意志的觀念起源的研究，為當前的討論提供了亟需的脈絡。

弗雷德提出了一個吸引人的例子，他表示古代人在理解責任與自願行動時，並未使用當代的自由意志觀念。「我們應該仔細區別自由意志的信念，以及認為我們至

13 Dick Swaab, *We Are Our Brains* (Allen Lane, 2014), pp.326-30.

少有時要對自己的行為負責這個普通信念，因為我們不是被迫或被要求如此行動，而是我們自己希望、甚或自己選擇或決定如此行為，」弗雷德寫道。他舉亞里斯多德為例，身為哲學家，「他致力於日常信念，卻從未以自由意志的觀念來解釋自己的信念。」[14]

儘管如此，我們無法由此直接推論出自由意志的觀念不存在於古希臘。基督教哲學家提摩西．歐康諾（Timothy O'Connor）曾對我說：「觀念可以潛伏在思想中，不一定會成為理論討論的焦點。」沒錯。然而，我們也不難假定，那些看起來理所當然、耳熟能詳，無聲潛伏在背景中的觀念，其實是我們故意將它們擺在不顯眼的地方。另一個問題是，如果自由意志的觀念真的這麼重要，為什麼那些聰敏又謹慎的哲學家不把它搬到檯面上來談。總而言之，從歷史記載的論述中，我們很難認定某個觀念在當時是不是一種「隱含」的說法。無論從哪個角度來看，希臘人對自由意志的討論顯示，他們在理解自由意志時完全不需要我們現在的觀念。

弗雷德在解釋上古時代缺少自由意志觀念時提到，「或許最重要的差異在於，那時候的人不具有自然法的觀念，也就是支配與解釋萬事萬物的法則。」[15]）我們可能認為這正是我們在思想上超越他們的地方：希臘人沒有自由意志的觀念也可以過著

14 Michael Frede, *A Free Will* (University of California Press, 2011), p.4.
15 Ibid., p.15.

和諧的生活，不表示他們這麼做是對的。然而，這裡的重點是，希臘人的責任概念並未建立在與自然法相關的各項假定上；簡單地說，兩者毫無關連。

弗雷德表示，直到過了西元二世紀中期，我們才看到第一個表達「意志自由」的人。這位鮮為人知的思想家是塔提安（Tatian），他在《致希臘人書》（*Oratio ad Graecos*）中主張，「為了讓惡人得到公正的懲罰」，自由意志的觀念不可或缺。這段話值得完整引述，因為它解釋了自由意志的必要性：

> 天上的道（Logos），源自聖父的精神與源自道之力量的話語，道模仿創生它的聖父，為人塑造不朽的形象。一如上帝永恆不朽，人也分享了上帝的一部分，或許也能擁有不朽的原理。在造人之前，道也創造了天使。這兩種生物都能隨心所欲自由行動，他們不具善的本性，唯有上帝才具有善的性質，但透過自由選擇，善可以在人類身上獲得實現，不僅為了讓惡人得到公正的懲罰，因自己的惡行而墮落，義人也能因自己的善舉而獲得讚揚，因為他自由選擇不逾越上帝的意旨。[16]

一般的懲罰、讚揚或指責也許不需要最終責任，只要在某種意義下，你能充分

16 Tatian, *Oratio ad Graecos*, trans. J. E. Reynolds in Philip Shaff (ed.), *Ante-Nicene Fathers*, vol. 2, p.128 www.ccel.org/ccel/schaff/anf02.html.

控制你的行動，對理性與誘因做出回應。另一方面，永罰則是截然不同的東西。如果你的惡不**完全**是你的錯，我們如何證明無止盡的懲罰具有正當性？數世紀後，奧古斯丁說：「憑藉自由意志犯罪的人將受到神的懲罰，顯示人被賦予自由意志是為了讓人過正當的生活，如果自由意志是為了讓人也能過犯罪的生活，那麼對人施加懲罰就不符合正義。」[17]

弗雷德提出第二個神學理由，以解釋為什麼俄利根（Origen）、奧古斯丁以及他們的眾多追隨者需要自由意志的觀念。講得直接一點，如果不是我們該負責，那麼就只能是創造我們的人負責。那就表示上帝要為我們的惡負最終責任。如果我們是邪惡的，而上帝創造了我們，那麼就是上帝創造了我們的邪惡。因此，我們必須「將人類遭遇的困境視為人類自身選擇與行為的結果，並且將其歸咎於人類自己」。[18]

當然，宗教跟哲學一樣多元，其中不乏否認自由意志的神學家，最著名者如路德與喀爾文（John Calvin），兩位都是十六世紀新教改革的重要人物。對他們來說，救贖是上帝的恩典，相信人類可以藉由自由行動來獲得救贖，是一種不敬神的想法。如路德所言：「人為什麼需要恩典，為什麼神要給予人恩典，原因就在於自由選擇於事無補。」[19]然而，這種極少數的觀點認為上帝會不考慮人的意志

17 Augustine, *On Free Choice of the Will* in Derk Pereboom (ed.), *Free Will* (Hackett, 2009), p.20.
18 Michael Frede, *A Free Will* (University of California Press, 2011), p.161.
19 Martin Luther, *The Bondage of The Will* [1525], trans. Philip S. Watson, www.lutheransonline.com/lo/671/FSLO-1344356671-111671.pdf.

而進行懲罰，所以很難與上帝的正義相容。因此，絕大多數一神論者同意伊拉斯謨（Erasmus）的看法，認為自由意志在神學上是必要的，「讓不信神的人，也就是那些存心不接受上帝恩典的人，得到應有的懲罰；洗刷上帝蒙受的殘酷與不義的不實指控；使我們免於絕望、自滿，鞭策我們在道德上精益求精。」[20]

然而，這並未對神學家構成挑戰，因為自由意志不僅在聖經中不見蹤影，在古代哲學中也付之闕如。弗雷德提到，當俄利根（第一位詳細撰寫與有系統地討論自由意志的基督教作家）搜尋聖經經文來證明自由意志存在時，「他找到的段落，或許真的含有自由意志的意義，但前提是你必須相信自由意志存在。」[21]事實上，有些經文似乎公然否定了自由意志。《腓立比書》第二章第十三節說：「因為你們立志行事，都是神在你們心裡運行，為要成就祂的美意。」

主張任何有意義的自由意志都必須以最終責任為前提，這樣的說法只是在轉移焦點。最終責任只有在證明最終懲罰合理時才會派上用場。然而，如許多人主張的，最終責任不可能存在，而這或許是否定仁慈上帝施予永罰的最有力論述。唯一能讓自由與責任同時存在且值得擁有的主張，是部分的而非絕對的。關於這一點，我們會在之後討論刑事制度時再做探討。

20 Erasmus, 'A Discussion or Discourse concerning Free Will' [1524] in *Erasmus and Luther: The Battle over Free Will*, ed. Clarence H. Miller (Hackett, 2012), p.29.

21 Michael Frede, *A Free Will* (University of California Press, 2011), pp.103-5.

科學對自由意志的挑戰，絕大多數不是基於新的科學發展。相反地，挑戰主要源於自古以來的憂慮，當我們的古希臘祖先了解人類完全是自然的一部分時，這些憂慮便油然而生。這些憂慮建立在四個假設上，我們在前兩章已經檢視過：自由的選擇不能被過去的因所決定，甚或受到太多限制；自由的選擇必須完全是意識決定的結果；自由的選擇必須總是有可能可以做出與原本不同的決定；要得到自由，你必須為自己是誰負起最終責任。

在這四個假設背後，或許還有一個更廣義的假設做為基礎：自由需要完全去除行為的限制。凡是對我們可能做出的選擇施加限制，就是對自由的限制。自由必須擁有均等的機會去決定既有的一切選擇。

然而，選擇只有在限制下才有意義。自由意志必須在兩個極端間做出折衷。其中一個極端，有個性格多變的人，他的選擇天馬行空，既無根據，也無特定模式。他在這一分鐘才說至死不渝地愛著一個人，下一分鐘卻動手殺了那個人。這不是自由，而是一連串隨機的行動。在另一個極端，我們看到魔鬼終結者，他代表了狹義決定論。魔鬼終結者是科幻小說中的電子人，他的創造者派他來「殺死約翰·康納」，他無法思考或修改目標。自由必定是落在毫無限制地行動與嚴格地限制行動這兩個極端之間。

這樣的自由意志就是我們要追求的。如果我們習慣將自由視為毫無限制，只要受到一丁點兒約束，我們就認為那是打了折扣的自由。你甚至可能不屑地認為，那樣的自由只供轉身之用，也就是在嚴格的框架內做出有限選擇的能力。但這麼想是錯的。無限制的自由不只是幻覺，也毫無道理。即使我們能擁有無限制的自由，這樣的自由也不可取。除非選擇反映了價值，否則選擇毫無意義可言；除非你已經擁有價值判斷，否則價值的選擇毫無意義可言。

因此，科學的世界觀所摧毀的只是虛偽的自由意志版本，這個天真的概念早在科學家注意到之前就已經在理性探究下瓦解。答案很清楚，我們喪失的那種老生常談的自由意志觀念，一直都是錯的。能擺脫它是件好事。現在該是時候，尋找真正值得我們擁有的自由。

第三部

重獲自由

擁有那種詭異、抽象、最終的自由，就像一個沒有短期記憶的人一樣，他會一直問：「我是誰，我想做什麼？」那是一件可怕的事，一場惡夢。

——Grayson Perry

04 藝術家

在布里斯托牙買加街的工作室裡，有人在牆上漆了一排字，那是雕刻家與裝置藝術家寇內莉亞・帕克（Cornelia Parker）說的話：「身為藝術家是如此自由。」這句話顯然讓工作室裡從事創作的三十多名藝術工作者深感共鳴。而它獲得的共鳴不僅於此。創造性表達是人類自由的一個典範。奇怪的是，每次談到自由時，科學家與哲學家卻不提藝術創作，反而討論人們如何選擇飲料，或者是在實驗室裡如何決定按下按鈕。如果我們真的想了解與我們息息相關的自由，看向藝術家難道不是比較好的方式嗎？

為了更加了解藝術家如何展現自由的典範，我約了格瑞森・佩里（Grayson Perry）見面，他著名的陶藝作品為他贏得二〇〇三年的透納獎（Turner Prize）。當我問到自由對他而言具有什麼意義時，他第一個反應竟是負面的。

「在現代脈絡下，自由這個詞逐漸讓我裹足不前，」他說：「因為它讓人聯想到網路激起的反叛，像隻無頭蒼蠅一樣不知要往哪裡去。現在人們嘴邊經常掛著自由，心裡想的不外乎只要我喜歡有什麼不可以，但至於喜歡什麼，他們也搞不清楚。自由成了如此抽象的東西，以致於淪為恣意妄為，要不就是索性放棄自由意志，完全跟著傳統規範走，儘管這些規範對大家來說可能頗有益處。規則的存在是有道理的，但談到自由時，我們常常不分青紅皂白連規則也一起丟掉。」

佩里點出了幾個關鍵，最普遍的問題是，如果我們只以最典型與現代的意義來思考自由，那麼自由將不再是令人渴望而嚮往的。如果自由只是沒有限制以及提供消費者選擇的話，價值的確淺薄，無怪乎佩里不願費神討論自由。他這番直率的言論，顯示藝術家的自由概念與一般以為的及學界的認知有多大的差異。

教科書裡的自由與藝術的自由兩者之間最醒目的差異，是藝術家經常提到創作並非意識控制的結果。舉例來說，作家黛安娜．艾希爾（Diana Athill）寫道，「在一九六〇年代初，有九篇小說『降臨』到我身上。我說『降臨』是因為我並未決定寫下它們，我只是突然產生一種特殊的渴望，然後就生出了這些作品。」[1]

1 Diana Athill, 'Falling short: seven writers reflect on failure', *Guardian* (*Review* section), 22 June 2013, p.2.

這種思維方式經常出現在作家與各式各樣的藝術家身上。談到為電影《火戰車》（*Chariots of Fire*）譜寫配樂時，范吉利斯（Vangelis）表示，「我的主要靈感來自故事本身。除了使用可得的科技工具來表達我的情感，其餘就但憑直覺，不假思索。」[2] 同樣地，搖滾樂團大鄉野（Big Country）的布魯斯・華生（Bruce Watson）告訴我，當他寫歌時，「從未努力催生它，是它自己找上門來，不是嗎？你從未強求，只是讓它自然發生。」

事實上，有些藝術家甚至認為過多的意識控制反而有礙創作，重要的是讓點子自然而然流瀉出來。「搶快會殺死創意，」布萊伯利在一篇討論創意的文章中提到。「自我意識是一切藝術的敵人。」[3]

布萊伯利對此知之甚明。還記得神經學家的主張嗎？他們認為意識心靈總是最後一個才知道我們的決定，而這對人類自由來說是一種威脅。布萊伯利也提到相同的經驗，但他的語氣充滿喜悅而非驚恐。他的反烏托邦作品《華氏451度》（*Fahrenheit 451*）描述一個箝制思想、禁書的世界，而這部作品出版後很長一段時間，這位作者才意會到書中主角蒙塔格（Montag）的名字，其實取自一家造紙廠；而另一個人物費伯（Faber）則是鉛筆製造商的名字。（他後來發現費伯也是重

2 Allegra Donn, 'Vangelis: why *Chariots of Fire*'s message is still important today', *Observer*, 1 July 2012, p.24.

3 Ray Bradbury, *Zen in the Art of Writing* (Joshua Odell Editions, 1994), p.116.

要文學出版社的名字。）「我的潛意識還真是調皮，居然為他們取了這些名字，」他說道，「而且還不讓**我**知道！」

當然，藝術家也經常進行意識控制。但在這麼做的時候，嚴格說來他們感受到的自由絕不會多於開自駕車的時候。面對各式各樣的選擇，要做出決定反而令人心煩意亂，還不如捫心自問接下來想做什麼來得自在。

自由確實需要意識心靈

藝術家最不想的或許是獨自面對自己的意識心靈。腦袋不通阻礙了源源靈感，而靈感其實並不需要有意識的思想。當作家遇到這種狀況時，表示他們的意識心靈跑得太前面了，讓他們一個字也寫不出來。「如果你一直掐著潛意識不放，它什麼也做不了，」小說家安・拉莫特（Anne Lamott）寫道。「你坐在書桌前面，心想，『搞定了嗎？到底搞定了嗎？』但潛意識會好心地告訴你，『閉嘴，滾一邊去。』」[4]同樣地，海明威曾告誡說：「如果你有意識地思索或煩惱寫作，你會殺死創意，腦袋會在你動筆之前就累得無法動彈。」[5]

4 Anne Lamott, *Bird by Bird* (Anchor Books, 1980), p.182.
5 Ernest Hemingway, *By-Line Ernest Hemingway: Selected Articles and Dispatches of Four Decades*, ed. William White (Scribner, 1998), p.217.

佩里不是很同意「藝術創作是純粹且自發的靈感流瀉」這種刻板印象；這樣的形象具體表現在馬丁・史柯西斯（Martin Scorsese）的電影《生命課程》（*Life Lessons*）中一個肖似畫家傑克遜・波拉克（Jackson Pollock）的角色上：在震耳欲聾的搖滾樂聲中，畫家在巨大畫布前狂暴地猛力揮灑。[6]「有人以為靈感來了你就會知道，但我覺得那不過是浪漫的迷思。創造力通常是逐漸增強的，而不是一種靈感。它可不像澡盆裡的阿基米德。」

關於這一點，柯立芝（Coleridge）創作〈忽必烈汗〉（Kubla Khan）的經驗可以為證。在詩序中，柯立芝以第三人稱的方式描述自己因吸食鴉片而昏睡：

> 至少就外在的感受來說，這段期間他充滿自信，相信他可以做出不下兩三百行詩；如果那真的可以稱為作品的話，那麼在那樣的作品中，一切景象栩栩如生，搭配生動的文字，但毋須感官意識。醒來的那一刻，他覺得自己對整部作品記憶鮮明，於是備了筆墨與紙張，即刻且渴望地寫下腦中的詩句。

序的結尾平凡無奇，是一名來自波爾拉克的訪客有事找他，打斷了他的寫作。

6《生命課程》是電影《大都會傳奇》其中一個故事（Woody Allen, Francis Ford Coppola, Martin Scorsese, USA, 1989）。

我們無從得知創作過程是否像柯立芝所說的那樣一氣呵成，但如果詩人創作時總是在心中完整構思過，就不會成就英國文學史上偉大的一頁。初稿很少是定稿。大多數的藝術家都是偏執的修改者，他們的原稿總是充滿更正、註記與修訂。詹姆斯．喬伊斯（James Joyce）的原稿就是出了名的錯綜複雜。事實上，如果藝術家從未意識到自己在創作，我們不會認為他們是自由的，反而是受衝動掌控。不知道自己的想法源自何處的藝術家，與有著自閉傾向的天才不可一概而論；後者毫無意識地畫出一幅又一幅的作品，譜寫一首又一首的曲子，如畫家塞斯．克瓦斯特（Seth Chwast）。「他毫不修飾地展現技藝，」他的母親說道。「塞斯就像火燄一樣，燃燒發出高熱，燒得又急又快，貪婪地將一切捲入火舌之中。」[7] 我們會讚揚塞斯的天份，但不認為這是我們追求的人類自由的典範。

我們渴求的自由看來確實需要一定程度的意識控制與思考。佩里如何管理自己無意識的創造，足堪我們借鏡。「絕大多數的點子會在你工作的時候不經意地出現，它們是思想過程的副產品，」佩里說道。「對我來說，最好的點子總是在我快要完成一件作品時才出現。它是經過融合的，而那時候的我也比較放鬆。」

佩里談到點子就這樣「冒出來」，他認為我們的許多想法並非源自意識心靈。

7 'Living with Autism', video on Seth's website http://growyourbrainart.com/biography/press/.

對他來說，這就像打開門讓點子走進來，而不是塑造它們。「波西格（Robert M. Pirsig）在《禪與摩托車維修的藝術》（*Zen and the Art of Motorcycle Maintenance*）中談到，點子就像從矮樹叢裡鑽出來的生物，其中一隻靠近你，其他則在一旁觀望你會怎麼對待牠。如果你趕走牠，那麼其他點子就不會朝你走過來。我會有意識地抓住一個點子，即使它看起來很蠢。然後我會記下這個點子。接著，突然間，你會發現整個通道都打開了。我的重要點子通常來自我在素描簿上瑣碎的塗鴉。」

由此我們可以學到關於自由意志的重要意涵。自由並非總是處於意識控制之下，但自由確實需要意識心靈的協助：決定該記下哪些點子，該忽略哪些東西；什麼該仔細思考，什麼該置之不理；如何提供最好的環境讓這些點子出現。雖然在思考過程中也會有「突然」想通的時候，但這種狀況與未經有意識的思考而得到的想法不同。所謂自由的思考並不需要時時注意到自己的思考過程，但是我們確實需要對思考的過程有些許的意識。

這麼說好像滿有道理的，但我們很難確定意識心靈的角色。例如，當我完成上一段內容的初稿時，我停下來問自己，「這麼說對嗎？」然後我望向遠方，任由內心去思索。有時候我會意識到自己正在想什麼，但這樣的思想絕非線性，也不是我能控制的。當我們說話時，意識到自己說什麼的同時，話也已經出口了；值得注意的是，我們的內在對話是否受到意識指引。顯然，前後一貫的內心獨白只有在電影與小說裡才會發生，真實世界並不存在。

因此，雖然我們很難確切說明有意識的思考是什麼，但我認為我們至少可以說，我們能夠中斷想法的流動，檢視、修改或否定這些想法。做不到這一點就不是自由的人，而是無法控制自己。

佩里把意識與潛意識之間的作用稱為「呼喊與回應」。他認為這比「出神」（完全脫離意識的控制）來得常見。「身為藝術家，我最能夠全神貫注的狀態，是聆聽收音機的時候。我的思緒被牽著走，所有事物都處於自由流動的狀態。百分之九十九的時間是在幻想。那是一種掙扎。我必須抽身而出，看著自己的幻想，問說：這麼做好嗎？我必須把我的幻想放到工作的脈絡下，在藝術的世界展示它，也就是市場。我必須抽身而出，重新捏塑陶輪，載入一些舊玩意兒，因為最終我希望它成為好的作品。因此，認為這些看似自發的揮灑只是靈感爆發，完全是胡說八道。它是持續不斷地呼喊與回應，檢查與思索我做的每個決定。」

藝術家通常樂於接受自己的想法源於潛意識，所以神經學家以大腦來解釋他們的行為，讓他們感到很不舒服。伊格曼發現，當人們得知創意很可能只是大腦運作的過程時，總是感到極為「失望」。「我跟一群藝術家和編舞者討論創造力，當他們聽說創造力與某個器官有關，而不是與『他們』有關時，每個人都很生氣。」但這實在很愚蠢：他們應該乾脆就承認「他們」就是他們的身體與大腦，這無損於他們身為藝術家的尊嚴，因為神經元觸發連結，原本就是想法生成最根本的過程。

浪漫的迷思

前面提到過，我們必須有可能可以做出與原本不同的選擇這個主張，經常被視為是自由意志的核心。然而，創造性的工作通常缺乏這種選擇的可能性，箇中原因不只是絕大多數創造對於創作者來說都相當神祕。與許多小說家一樣，布萊伯利談起創作，彷彿是他筆下的人物與故事逼著他走上某些道路。在描述撰寫小說《草原》（*The Veldt*）時，布萊伯利說：「喬治與他的妻子沿著走廊走去。我跟著他們，瘋狂地打字，不知道接下來會發生什麼事。」同樣地，為了將《華氏451度》改編為舞臺劇，布萊伯利重新審視書中人物，他想知道他們發生了什麼事。「我問，」他寫道，「他們答。」

當然，藝術家經常可以意識到自己有許多選擇。畫家看著調色盤，他會看到不只一種顏色在上面，而這些顏色又可以組合出無限多種的調色。然而，知道自己**有可能**做出不同的決定，不表示你**有能力**做出不同的決定。對藝術家來說，真正重要的不是他能做出不同的決定，而是他可以做出不同於其他人為他所做的決定。換句話說，自由是指做你所做的自由，而非做出不同於過去所做的自由。

我懷疑有多少藝術家想過先天與後天對選擇的影響，以及他們的創作有多少是過去經驗所造成的不可避免的結果。如果你只是想要解放內在的創造性能量，那麼這股能量來自何處根本不是重點。至於要為自己的想法負最終責任這個問題，如果藝術家承認他甚至不知道自己的想法從何而來，又怎麼會有負責的問題？

確實，藝術家經常覺得自己必須擺脫一些束縛。但那是**外在**的束縛：要求他們可以或不可以創作什麼，或者要求他們符合眾人的期待。換言之，藝術家總是在限制下進行創作，包括工具、資源與時間。事實上，在這類限制下工作是發展所不可或缺的。藝術家不認為自己有能力創作所有東西。更確切地說，藝術家會選擇特定媒介從事特定計畫。偉大的藝術家總是敢於挑戰傳統的限制，但在此同時，他們也必須了解與吸收傳統以推陳出新。創造力是做出嶄新的事物，而非無中生有。原創性與最終的因無關，不受歷史、社會與同儕的影響。

創造力是純粹的、自動就這樣跑出來，這種浪漫的迷思缺少的正是佩里所謂的脈絡感，「不只是一個脈絡，而是整個人生歷程，你生活的地方，你經歷的時光，各種的影響。」當你了解框住藝術家作品的一切限制時，藝術家的自由便「落實為在一個人的人生脈絡下，做出有限的選擇的自由」。這種條件並非單純對自由加諸限制，而是促使有意義的創作產生的重要條件。即使是最偉大的藝術家，他們的選擇依然是受限的，這一點從他們的作品就可以看得出來。「藝術家可以做出無數的選擇，有趣的是，他們的作品看起來就像他們的作品。」

佩里不相信那些幻覺，他不認為自己擁有完全的自由，可以超越人生、社會或歷史的限制來進行創作。他以這些限制做為創作的養分。對佩里而言，「創作絕大多數是一種回應，尤其現在的藝術世界充滿讓人眼花撩亂的可能性與不可思議的多元性，任何事都可能發生。」事實上，「要善用這種選擇自由，做法之一是去博物館看看你想模仿的東西。這種做法也許有點保守，但我不認為光是搜索枯腸就能產生靈感。」佩里的創作靈感總是擷取自他潛心研究的藝術時期，同時也從他自己的人生經歷獲得啟發。「我傾向於從我停止的地方開始，不管那是多久以前的事。」佩里從沒想過「無中生有」。「創作是從一張白紙開始這樣的想法令人害怕。」

特別的是，佩里擁抱的正是自由意志懷疑論者感到煩惱的事：我們現在的選擇，很大程度受到過去所限制。「我對好壞的看法，深受我的情感經驗影響。我無法說變就變。我不能說，喔，我很樂意認為那是好的。我做不到。我的情感反應會因行動而改變。這就好像走在鐵軌上，鐵軌連接著我過去喜歡的一切。是的，我絕不做我不想做的事，我根據我的感受去做。我與我的偏好、風格與歷史相繫，我做的事總是與過去做的事息息相關；有時好，有時壞。這就是呼喊與回應。」

這樣的限制正是有意義的創作的先決條件。佩里引用他的妻子心理治療師菲莉帕（Philippa）的說法：「精神正常介於死板與混亂之間。」對佩里來說，藝術也是一樣，「我選擇了一條介於死板與混亂之間的道路。」而這也確實是對人類自由的好定義，它既非毫無自制力與自主性的機器人，也非隨機且毫無限制地做出任何選擇的蝴蝶。

自由出問題時，我們才關心自由

光是依循自身的偏好與想望還不能算是自由，唯有能夠反思、認同與表達自身的偏好與想望，才能真正找到自由。舉例來說，大家都知道佩里有變裝癖，但這種欲望不是他自己選擇的，也不是他想選擇的。「許多有變裝癖的人，或有不尋常性慾的人，也許認為這是個詛咒，因為你被迫做出可能會破壞婚姻的事，不僅代價昂貴，也令人困窘。對某些人來說，這甚至是違法的。」他成為變裝癖的自由，不表示他有選擇偏好與欲望的自由。佩里同意這個說法。「擁有那種詭異、抽象、最終的自由，就像一個沒有短期記憶的人一樣，他會一直問：『我是誰？我想做什麼？』那是一件可怕的事，一場惡夢。」

就某種意義來說，藝術的自由可以用佩里常說的鐵軌來比喻。「我的自由意志在軌道上奔馳，」他說道。「我沒有幻覺。我不會突然開始拍攝無聊的二十八分鐘影像藝術，因為我的個性不讓我這麼做。」

沿著固定的軌道奔馳似乎不自由，那表示他只能遵循既定的路線，無法選擇其他路徑。儘管聽起來矛盾，但在自己的軌道上奔馳，而非遵照他人的指示奔馳於其他軌道上，確實是一種自由。

佩里曾經寫過一篇文章談及〈我們的父親〉這件作品，他寫道：「我略去各種敘事方式，跟著直覺走。」[8] 這是第一次他覺得自己可以單純做自己想要做的事，不會被該做什麼事的想法牽著鼻子走，「沒有試著要別出心裁或追求完美」，只是「近乎隨性地創作，就像嗜好一樣，心裡從沒想過要讓觀眾理解」，佩里這麼對我說。「我沉浸在創作的喜悅中。我沐浴在創作時感官的滿足裡。不過就某方面來說，你也會對軌道有更深刻的感受。」

我認為，歸根究柢，真正重要的自由是讓天賦、喜好與渴望能充分發展。而要擁有這樣的自由，你必須對自己的欲望、信念與價值有所反思、掌握與認同。但無論如何，我們沒有必要非得是這些欲望、信念與價值的原創者。

如果這麼說是對的，那麼發展自由的要素將是實際的，不是形而上的。好比說，我問佩里，什麼情況會讓他覺得自己正逐漸喪失自由，他想了一會兒回答說：「我想一個明顯的因素是經濟。如果為了創作而散盡家財，如果沒有市場供我販賣作品，恐怕我得去找份工作糊口。我每天都感謝藝術市場提供金錢支援，讓我可以自由地靠創作維生。」他又補充，「我認為人類最大的限制是時間。還有健康。」

8 Jacky Klein, *Grayson Perry* (Thames & Hudson, 2013), p.190.

對於喜歡高談形上理想的人來說，時間、金錢與健康簡直俗不可耐。然而，如果我們整天忙著賺錢過活，或者病得太重無法清楚思考，那麼我們的確無法充分地發展或表達我們的自由。這麼明顯的事實，大概只有那些昧於事實還自以為是的人才會視而不見。生活安適並非人類自由的充分條件，卻是滿足最低程度的自由的必要條件。

還有另一個理由可以說明，為什麼政治自由與形上自由必須加以區隔。自由意志的論辯不僅需要形上的脈絡，也需要社會脈絡。「如果你跟在敘利亞、緬甸或這類國家的藝術家討論自由意志，我敢擔保答案一定大不相同，」佩里說道。下一章要拜訪的異議人士將證明佩里的話是對的，他認為自由就像身分認同，「只有在自由出問題時，自由才會成為大家關注的議題。」

自我是從大腦與肉體複雜的互動中產生

雖然我已經指出，即使缺乏意識控制也不致於減損藝術家的創造力與創作身分，但二十世紀思想的一些趨勢，還是會把我們推往另一個方向。二十世紀，乃至於進入二十一世紀之後，個人作為自主行動者的觀念受到各方挑戰。其中最著名的，或許是一九六七年羅蘭・巴特（Roland Barthes）主張的「作者之死」。他認為文本與藝術作品應該被當成獨立的事物看待。文本與藝術作品一旦被創造出來了，就擁有自己的生命，創作者的意圖與它們無關。

巴特的觀念並非空穴來風。文學欣賞中作者的地位遭到削弱，與「自我之死」（death of the self）的潮流息息相關。啟蒙運動強調理性個人，也就是人是自己的主宰，但這個理想正逐漸被一種與日俱增的想法所侵蝕，認為是意識控制以外的非理性力量形塑了我們的行為。二十世紀初，佛洛伊德的作品大力倡導這樣的觀點；不久，這個一度被視為激進的觀點成為常識的基礎。舉例來說，戴爾・卡內基（Dale Carnegie）一九三六年的暢銷書《如何贏取友誼與影響他人》（*How to Win Friends and Influence People*）就立基於以下假設：人的行動可以在不知不覺間被操縱。此後，心理學持續蒐羅思想與行動的潛意識驅動力。對巴特那個世代的知識分子來說，我們似乎不是我們自己這艘船的船長，而是乘客，而且所搭的船也不是我們自己建造的，行駛的方向則全由命運的風向與潮汐決定。

神經科學進一步助長了這種懷疑論。如加札尼加所言，「沒有一個領導中心能讓其他大腦系統依照五星上將的指示運作。」意思是說：「大腦裡沒有發號施令的人。你顯然也不是大腦的主人。」[9]

自我是個幻覺與自由意志是個幻覺，這兩個觀念密不可分。自我是什麼以及自我是不是幻覺，這類問題是我幾年前寫的另一本書的主題。[10] 在此我可以做個大致的回應，本書到目前為止的討論也提供一致的解釋：把自我想成我們存在的核心中一顆完整的「珍珠」，是不對的。如果我們把自我想成是一種東西，如非物質的靈魂或大腦裡的控制中心，我們一定會感到失望，因為根本找不到這種東西。

但思考自我的方式並非僅此一種。另一種思考自我的方式，有時被戲稱為「捆束」（bundle）的觀點，這是休謨的用語。這個觀點認為自我並非**擁有**思想、經驗、信念與感官知覺的單一事物。應該說，自我**是**思想、經驗、信念與感官有秩序的集合。

一旦我們了解宇宙間一切事物皆是如此，這種觀點聽起來就不會那麼奇怪了。舉例來說，水並非兩個氫原子與一個氧原子依附其上的東西。應該說，水是氫與氧以正確方式結合而存在的東西。雖然我們口語上會說手錶「有」指針、錶面、玻璃與機械裝置，但不會有人反對說手錶是由這些部分組合而成的整體。存在的一切事

9 Michael Gazzaniga, *Who's in Charge?* (Ecco, 2011), p.44.
10 Julian Baggini, *The Ego Trick* (Granta, 2011).

物，除了最基本的次原子粒子，全都是由各個部分有秩序地組合而成。自我也是一樣。自我不在大腦隱密的深處，也未潛伏在非物質的靈魂上。確切地說，自我是從大腦與肉體複雜的互動中產生的。

如果你接受這個觀點（想必你一定會接受），那麼自我不是單一且統一的執行意識，能夠控制我們所做的每一件事，這一點應該就不證自明了。自我有許多部分，有些有意識，有些無意識。自我能維持一個整體的原因，在於這些部分共同創造出一種和諧的狀態。記憶固然扮演了關鍵角色，但個性、價值、信念與意圖也功不可沒。就此而言，正如侯世達（Douglas Hofstadter）的名言：「靈魂大於各部分的總和」。[11]

自我的死亡似乎為時尚早。真正死去的是自我是一種簡單、單一的內在存在的觀念。若能適當地加以理解，知道個人是從思想、感官知覺、信念與欲望的複雜網絡中形成的，那麼自我將充滿生機。自我就像一個沒有指揮的爵士樂團，每個樂手都有能力與其他樂手共同演出，創造出和諧的曲調。這個自我總是以神祕的方式運作，這一點不令人驚訝。自我無法看穿自己，自我也無法塑造自己，其中意義我們無法深究。然而，只要我們開始思索、感受、相信與行動，這些行為就會構成某種

11 Douglas R. Hofstadter and Daniel C. Dennett, *The Mind's I* (Bantam Books, 1982), p.191.

一致的整體，它會自己指引自己，使自我得以存在，使自我依照自身的意願行動。

思考藝術家的自由，應可改變我們對自由意志的看法。首先，藝術家幫助我們理解，自由指的是由你選擇，無論這個選擇源自意識或潛意識。其次，自由指的是能產生高度個人化的結果，而這個結果是受先天、後天及社會的影響；自由指的不是不受這些影響，也不是無中生有。自由的選擇指的是個人必須透過選擇而產生貢獻，即使做出貢獻的能力就某種意義來說是先天與過去經驗的結果——話說回來，不是先天與過去經驗的結果，還會是什麼的結果？第三，自由是指在知道有其他選擇存在的情況下，不受任何壓迫而做出自己的選擇。就某個觀點來說，即使你實際做出的選擇是在那個處境下唯一能做的選擇，我們也認為你擁有自由。

思考藝術家的自由，可以讓我們從不同的角度思考自由的意義，以及自由如何與無可爭辯的相反事實相容。我們不需要質疑神經科學的主張：自由的選擇不能被過去的因所決定，或受到太多的限制；自由的選擇必須是意識決定的結果；為了讓自由的選擇得以成立，必須擁有能做出不同決定的可能。更確切地說，這裡的核心概念是自主性與不受壓迫，能不理會他人的命令與傳統而自由行動。哲學家與神經學家眼中的自由意志神祕而難以捉摸，但從創作藝術家的角度來看，自由意志完全可以理解，而且如此真實。

05 異議人士

歐格尼斯科（Ognisko）餐廳位於倫敦富裕的肯辛頓區，它在歐洲政治自由史上扮演著特殊角色。該餐廳是波蘭爐灶俱樂部（Polish Hearth Club）的一部分，該俱樂部成立於一九四〇年，是納粹入侵波蘭後，逃離祖國的波蘭人的聚集地。冷戰期間，歐格尼斯科餐廳一直是倫敦波蘭人社群的核心。雖然看著菜單點菜很難稱得上是自由的最高表現，但歐格尼斯科確實是討論自由意志的好地方，特別是與一群政治自由（political liberty）曾遭到剝奪的人討論。然而，對於以英語為母語的哲學家來說，自由意志與政治自由是個完全不同的主題。查閱《牛津哲學字典》（*Oxford Companion to Philosophy*）上與自由（free, freedom）相關的條目，你會看到「兩組條目」。其中一組包含政治自由、自由（liberty）、自由主義、自決、言論自由與帝國主義；另一組則集合了所有與「形上自由」相關的核心觀念，包括自由（freedom）與決定論、科學決定論、意志、相容論與不相容論、責任、宿命論與命運。[1]在英語系國家的傳統中，政治自由與社會結構有關，社會結構決定你能否相信、表達與實踐你所相信的東西。另一方面，自由意志（形上自由）是指從一開始就能自由做出這類選擇的能力，人可能具有也可能不具有這種能力。舉例來說，如果你認為我們一切的選擇都是由我們的基因決定，那麼你的結論可能是人沒有自由意志，無論他們住在北韓還是南達科他州。

一般以為政治自由與自由意志是兩碼事，了解其一並不能增益對另一項的理解。然而，我不認為這種截然二分是對的。畢竟，如古代哲學的研究者弗雷德所指出，自由意志的希臘文是*eleutheria*，它最初的意義是自由。「正如這個詞所顯示的，」弗雷德說道，「自由意志肯定是類比政治自由的主張而來。」[2]我的波蘭午餐是一項嘗試，我想稍微再往下挖掘一點，看看這些曾被剝奪政治自由的人是否能夠提供一些洞見，讓我們更進一步理解自由意志。

與我同桌的有白俄羅斯記者安德烈・阿里雅克桑卓（Andrei Aliaksandrau），他認為白俄羅斯「是歐洲最後一個真正的獨裁國家」。還有記者伊斯梅爾・艾因納

1 Ted Honderich (ed.), *The Oxford Companion to Philosophy* (Oxford University Press, 2005), p.312.
2 Michael Frede, *A Free Will* (University of California Press, 2011), p.9.

許（Ismail Einashe），他在十歲時以難民的身分來到英國，他父親在索馬利亞獨裁統治期間從事反政府活動；拉赫拉・希帝奇（Rahela Sidiqi）是一名女權與人權運動者，她生長在塔利班統治的阿富汗；馬建，中國小說家，作品在中國被禁。

聽著他們的故事，我覺得他們都很關注社會結構的運作，因為它會讓人無法或至少難以發展一己之力，讓人們無法成為自由的個體。希帝奇的「生活原則」包括「誠實、服務人群、待人和善、濟貧」。她認為每個人都應該培養這種能力，因為我們來到這個世界就是要彼此幫助。她基於信仰而認為這是神賦予的責任，「神不會用鎖鍊威脅你做這件事。祂要你自己決定，做不做都基於你自己的意志。有些事你會做，而神絕不會阻止你。」然而，在塔利班統治下，要自由發展這些能力是不可能的，尤其不可能協助擁有兩條X染色體的半數人口實現自身的潛力。所以她的政治理想是「人可以像神創造人類時一樣自由」。

阿里雅克桑卓從封鎖這個行動來討論自由的限制。我們談話的當時，亞歷山大・盧卡申科（Alexander Lukashenko）已經當了二十年的白俄羅斯總統，他把「整個國家當成自己的公司、家族事業來經營，所有的政治權利都遭到嚴重限制」。盧卡申科雖然不像某些獨裁政權那麼野蠻，但民眾還是會遭到綁架、殺害或淪為政治犯。「身為記者，我因為政府的所做所為而遭到限制與壓迫。管制資訊的流通是維持權力的關鍵，」他說道。「這是為什麼新聞記者與社會運動者都遭到封鎖，他們無法盡到自己的職責，也無法自由地工作與發表言論。」

阿里雅克桑卓與希帝奇的經驗顯示，政治自由與形上自由最直接的連結：自由意志是基於我們的意願去做某些事的能力，而我們必須處於正確的政治結構下，才能表現這些能力。政治自由因此是充分表現內在能力的外在條件。

自由意志並非有無的問題，而是多少的問題

如果將這個觀念稍加延伸，不難看出這些內在能力並非就在那裡，無論我們能否加以展現。政治結構對於我們擁有多少自由意志具有實際的影響，因為我們能做什麼與我們身為社會性動物的天性密不可分，也受特定的文化與時代影響。

以政治選擇的能力為例，其中最明顯的便是投票行為。「二〇一〇年，索馬利蘭（Somaliland）舉行大選，」艾因納許說道，「村子裡許多人排隊等著投票。你可以說他們正在實踐自由，但他們絕大多數都不識字，如此還算是充分理解後的選擇

嗎？如果沒有平等與教育，民眾如何能夠獲得充分的資訊？如果民眾未受過教育也沒有經濟能力，他們最終要如何為自己做決定？」

同樣地，希帝奇認為，當阿富汗鄉村的婦女蒙上自己的臉時，她們並不是在自由的條件下做出這項選擇，因為在她們的社群裡，沒有別的路可走。資訊越充分、教育程度越高的人，越有能力做出自己的選擇，也更能夠發展出自由意志。

這個說法呼應了以撒．伯林（Isaiah Berlin）所區別的積極自由與消極自由：前者是指擁有工具去追求某些利益的自由，後者則是沒有限制或壓迫的自由。[3] 一個人被遺棄在沙漠裡，他擁有消極的自由走出沙漠，因為沒有人會阻止他走出去。但是沒有遮蔽、水與食物將這些轉變成積極的自由，一切也只是空談。

一般認為積極自由與消極自由的區別，純粹是基於社會政治角度所做的劃分。但實際上可以運用的範圍不僅於此。一個缺乏教育與資訊的人也許擁有充分的消極自由，但他欠缺使消極自由轉變成積極自由的核心條件。就此而言，他用來實現自由意志的能力顯然不足。人類追求自由的能力也可能遭到其他因素阻礙，例如心理因素。廣場恐懼症患者不敢出門不是因為外在世界有什麼東西使他裹足不前，他的恐懼是因為他的自由意志遭到相對不起眼的事所削弱。

3 Isaiah Berlin, 'Two Concepts of Liberty' [1958] in Isaiah Berlin, *Liberty* (Oxford University Press, 2002).

這種說法指出了在思考自由意志時一個非常重要的面向，關於這一點我稍後會詳述：自由意志是程度的問題，而非有無的問題。社會無法一刀剖，一邊是政治自由，另一邊是政治不自由。社會如同一道光譜，一端是絕對專制，另一端是最自由的社會形式；同樣地，人類也擁有不同程度的自由。

與其他動物不同，人類不只依照需求行動，還會思考自己的需求與質疑自己的偏好。但我們在思考這些事時，不可能每個人的條件都相同。如果我們未能接受教育，也未能得到更多資訊，就無法獲得可能獲得的自由。如果我們無法發展出批判思考的能力，我們就無法知道自己其實可以擁有這麼多選擇。如果我們不了解人類容易產生的心理偏誤與思想扭曲，將更容易成為這些偏誤與扭曲的受害者。這些限制有些是壓迫的政治結構直接造成的。由此可以了解，喪失政治自由勢必會侷限思想與選擇的自由。政治自由受限，個人自由也隨之受害；公共自由遭到制約，私人的自由也會被剝奪。

自由意志並非有無的問題，而是多少的問題。你逐步建立自己的自由，克服一道道自由的關卡，不論是政治、社會、經濟、教育、心理、歷史的阻礙。如阿里雅克桑卓所言：「自由不是狀態，而是過程。」

然而，即使政治結構允許你充分發揮自由意志的能力，也不必然表示你真的能做到。這是為什麼當我問他們是否認為英國人可以充分發揮自己的能力時，這群知識分子不約而同地點頭又嘆氣。「當我看著英國的新聞媒體，留意政治人物說什麼時，我發現英國人並不珍惜他們擁有的一切，」阿里雅克桑卓說。「他們在民主制度下出生，民主並不是靠他們努力爭取來的，因此他們把民主視為理所當然，對於他們不費吹灰之力就能享受的民主，他們一點也不在乎。」

沙特（Jean-Paul Sartre）以誇張的方式提出類似的論點，他寫道，「德國占領期間是法國人最自由的時刻。」他似乎在說反話，尤其當他說在占領期間，「從說話的權利開始，我們逐步喪失一切權利。」但正是從這段時期開始，法國人才真正體會，哪怕是再微小的自由行動或思想都極為重要。「因為納粹的毒液甚至滲透到我們的思想裡，因此我們的每個正確的思想都是一場征服。因為眼觀四面耳聽八方的警察試圖要我們噤聲，因此我們的每個字句都具有原則宣示的價值。因為我們遭到獵捕，因此我們每個動作都具有神聖奉獻的重量。」法國人不再不假思索地行動，或者把自由視為理所當然，他們逐漸了解自己的每個行動都代表一個機會，要不是有意識地實踐自由，就是逆來順受放棄自由。「每個人面對自己的生命與存在做出選擇時，就是真實的選擇，因為我們面對死亡，因為這樣的選擇總是以這樣的形式表達：『不……毋寧死。』」[4]

對於和我一起共進午餐的人來說，沙特的說法顯然太過了。「我不認為人在受壓迫時會變得更自由，」馬建說。「看看北韓。當你說我無法自由回到中國時，這句話不能倒過來，說我有不回中國的自由。」

阿里雅克桑卓也反對沙特的說法。「人遭受壓迫時不可能變得更自由，但人在遭受威脅或喪失自由時，確實會開始了解自由的可貴。二次大戰後，各國採納了人權宣言，那是因為大家都看到了，當人失去自由與權利之後，這個世界會變成什麼樣子。後果是多麼嚇人。不幸的是，人總是要看到悲劇才會開始思考。」

我同意沙特的主張有點過火。但他確實點出了重點：人類若要真正的自由，光是去除限制是不夠的。你必須運用你的能力做出選擇，同時要為自己的決定負責。就這個意義來說，當限制出現時，你確實能更清楚感受到自己正在做一個重要的選擇；反過來說，當事情容易處理時，你的自由意志肌肉往往因為不常使力而退化。

儘管如此，在壓迫下生活，不見得理所當然會讓人更意識到自己的自由。人也可能隨波逐流，接受自由遭到壓迫的事實。就像籠中鳥兒習慣被囚禁的生活，以致

4 Jean-Paul Sartre, 'The Republic of Silence' in A. J. Liebling (ed.), *Republic of Silence* (Harcourt, Brace & Co., 1947), pp.498-500.

於對自由飛翔感到恐懼。即使身為異議人士也可能習於把抵抗視為永遠存在之物。「你知道所有約束與限制，你很肯定自己說什麼或做什麼會被關進牢裡，甚或被迫流亡國外與失去工作，」阿里雅克桑卓說道。「但我了解冒著這樣的威脅依然決心選擇這條路的人的想法。我覺得這很有趣，也許也很危險，因為我們開始把威脅視為理所當然。就像遊戲規則一樣。它很自然地成為你生活的一部分，而你也毫無異議地接受它。」

我們不一定能意識到自己享有多大的自由，而之所以如此，至少有部分與我們身處的社會結構有關。希帝奇回憶她在阿富汗從事的社區發展工作，參與的女性必須使用無線對講機。過沒不久，一名婦女向希帝奇表示，她不想再使用無線對講機，因為「現在大家都說我是『卡菲爾』（kafir，不信神的人）」。希帝奇的角色就是試圖讓當地婦女了解，她們其實有選擇的權利。「妳知道妳正在做一件有益的事，可以幫助妳的村民，」希帝奇對她說。「他們說什麼並不重要。他們無法擊敗妳。」

這個例子顯示極權社會最糟糕的一面：他們可以塑造我們的思維，而我們對此渾然不覺。「它就像影子，就像洗腦，你完全感覺不出來，」馬建說。他從仍待在中國的作家身上看出這一點，他們在不知不覺中改變了自己的寫作風格。「如果你是作家，你選擇寫作，」馬建說，那麼你必須流亡海外，「我看到其他還待在中國的作家在寫作上飽受箝制，如果我返回中國，肯定會跟他們一樣。那是非常恐怖的事。只有跟山保持距離，你才更能看清楚山的樣貌。」

有時候環境會以出人意料的方式限制我們的自由意志。舉例來說，艾因納許提到，「在索馬利亞的婦女要比她們在英國時擁有更多選擇穿著的權利。」因為英國的索馬利亞社群比較保守。儘管如此，通常婦女還是有選擇的機會，而她們擁有的這些少數機會，往往是決定她們是否能運用與發展自由的關鍵。

在歐格尼斯科的討論使我更加了解，實踐與發展自由意志的能力不完全是我們所能控制的，也不單純是態度的問題。想充分發展我們的自由意志，需要政治自由與有利的社會結構。最自由的人不僅能運用選擇與思考的能力，還要不受社會過多的限制。只要欠缺其中一項，我們的自由就會被削弱；如果這些條件都無法滿足，就毫無自由可言。

別無選擇，必須起而反抗

我們的午餐討論還挑戰了另一種對自由意志的既定看法。哲學文獻中關於自由意志的典型例子，經常以簡單的選擇為中心。你可以選擇羅宋湯，也就是用甜菜根熬煮的湯，也可以選擇查斯基（trzaski），也就是脆皮豬肉。這裡強調的是有能力做出不同的決定。前面提過，哲學與常識通常把能夠做出不同的選擇視為自由選擇的核心定義。

然而，當人們為政治自由挺身而出時，更常看到的例子卻是「無法」做出其他的選擇。以保羅．盧塞薩巴吉納（Paul Rusesabagina）為例，他在盧安達種族大屠殺期間，在自己的飯店裡保護了一千二百六十八名圖西族與胡圖族難民。其實他大可以逃命去。但他沒這麼做。不過他確實把妻兒送到安全的地方。「塔提雅娜與孩子氣我為什麼不跟他們一起走，」他後來說道。「我告訴他們，飯店裡的難民只能靠我跟對方談判。如果我離開了，他們會被殺害，那麼我一輩子都無法成為自由的人。我會成為自己的囚犯，我會吃不下飯，無法安心睡覺，內心永遠無法平靜。我會成為叛徒。」[5]

5 'Oprah Talks to Paul Rusesabagina', *O, The Oprah Magazine*, March 2006.

盧塞薩巴吉納看似有機會選擇，但對他來說實則不然。他強烈感受到自己的職責所在，他別無選擇。如果他一走了之，他將無法面對自己。

願意為了人權與社會宗旨而犧牲一己福祉與安全的人總是這麼想。畢竟，如果我們只靠意志行動就能改變我們的信仰與價值，那麼異議人士為什麼不這麼做以避免迫害？例如，希帝奇挺身捍衛女權，她從未想過否定女權也是一個選項。她的內心感受到自己必須堅持維護女權的信念。

阿里雅克桑卓也說：「對我而言，當我們談到政治自由時，那甚至不算是選擇，而是一件天經地義的事。我從未想說，『我該認為意見自由是不對的嗎？』不，那連選擇都不是。」最有意義的選擇通常是我們覺得必須做的選擇，為的是維持我們的完整性。因此，自由的選擇有時是不得不的選擇，但不表示這樣的選擇較不值得讚揚。哲學家蘇珊·沃爾夫（Susan Wolf）曾說：「『我不能說謊』與『他無法傷害一隻蒼蠅』，這兩個例子非但不是不值一哂，反而是值得讚揚的典範。如果有人覺得自己『別無選擇』，必須起而反抗不義，那麼他完全不用擔心自己的信念是否不夠深刻。」[6]

當一個人在某種狀況下不得不做出某種行為時，若說他是自由的，似乎有點奇

6 Susan Wolf, 'Asymmetrical Freedom' in Derk Pereboom (ed.), *Free Will* (Hackett, 2009), p.232.

怪。沃爾夫談到興趣如何決定我們的行為時，巧妙地扭轉了眾人的懷疑。「我們先想想，如果行動者在行動時不依照自己的喜好做事，會是什麼狀況，」她問道。「我想這表示他在行動時可以完全違反他所相信與在意的一切。」不難看出其中的古怪之處。「他或許愛他的妻子，也有可能不愛她。他或許關心別人，也有可能不關心。此外，這個行動者找不到理由說明自己的喜好，至少不是我們平常說的那些理由。例如，他無法愛他的妻子，因為她就是那樣，而那不是他能決定的。」[7]

就此而言，一項行動的好壞就某方面來說取決於我們是否能合理解釋它，這一點至關重要。也就是說，這項行動是基於「正確的理由」，根據「正確的利益」所做的「正確決定」。然而，一旦行動不是被任何事所決定，就無所謂對錯之分。它們只是單純發生的事件。

常言道好人必須做好事。弗雷德表示，像亞里斯多德「這樣一個睿智而有德行的人，都不得不做出自己所做的選擇」。[8]然而，我們沒有理由認為，因為他無法做出其他的選擇，所以他的行為就不值得讚揚。「如果有人做了了不起的事，我們應該基於他的成就來讚美他，而不是這個人是否有機會做不起眼的小事，」弗雷德說道。[9]

7 Ibid., pp.229-30.
8 Michael Frede, *A Free Will* (University of California Press, 2011), p.29.
9 Ibid., p.101.

無論怎麼選擇，結果都差不多，這種選擇是最沒有價值的自由。這個說法可以用布里丹之驢（Buridan's Ass）來加以解釋，這項思想實驗得名於十四世紀的法國哲學家布里丹，他提出的理論啟發了這項實驗。布里丹相信，我們總是會選擇我們認為較佳的行動。然而，如果「兩個行動看起來一樣好呢」？在這種狀況下，「意志無法打破僵局，只能存而不論，直到環境改變時，正確的選擇才會浮現。」[10]

之後的思想家發現這個理論有問題。如果這個理論是對的，那麼把一頭理性且又餓又渴的驢子擺在一桶水與一堆乾草之間，兩邊的距離相等，這頭驢子會怎麼做呢？因為驢子沒有理由先走向哪一邊，而且驢子完全理性，所以牠會「存而不論」，一直饑餓地待在原地。當然，在這種狀況下我們不可能挨餓，我們會運用我們的自由意志，先去一邊，再去另一邊。

這種「懸而未決的自由」（liberty of indifference）其實相當有價值，也就是當沒有好理由來決定偏好時，只能自由地進行隨機選擇。但許多人認為，這是最低程度的自由。例如笛卡兒就認為：「懸而未決不屬於人類自由的核心，因為當我們不知道什麼是對的而一直懸在那裡，我們是自由的；但當清楚的認知迫使我們追求某些目標時，我們毋寧更加自由——事實上這是最自由的狀態。」[11] 擲銅板的自由不像了

10 這段引文絕大部分出自布里丹，但找不到原始出處。

11 René Descartes, *Meditations on First Philosophy*, §432-3 in *Descartes: Selected Writings*, trans. John Cottingham, Robert Stoothoff, Dugald Murdoch (Cambridge University Press, 1998), pp.134-5。感謝 Randolph Clarke 的指點。

解利弊後據以採取行動的自由那麼重要。

意識思想在自由裡的角色

要讓自由變得有意義，不能只是擁有選擇任何事的能力。自由指的是能表達一己的基本價值，依照自己的認同過生活。然而，這些價值與認同都不是我們能直接選擇的事物。「若要老實說，」艾因納許表示，「我絕大部分的生活都受制於並非我所選擇的文化與信仰。」當然，這些事物並未就此決定我們的認同與價值。「我的個人掙扎主要在於我可以是世俗的，可以是人道主義者，也可以是自由派。」但這樣的掙扎不是從零開始。我們必須在我們無法選擇的處境中做選擇，我們必須從自己被灌輸的價值中做決定。「我們無法將自由意志與外在脈絡及環境區隔開來，」希帝奇說道。

阿里雅克桑卓做了很好的總結。「純粹的自由意志並不存在，因為我們一輩子受到了各式各樣的影響，哪怕只是我們出生在這個國家，這個世紀，以及我們的父母，這些事物都不是我們能選擇的。」

事實上，正因為能自由地表達自己未能選擇的身分認同是如此重要，所以人們才會對於無法在祖國生活感到痛苦。「流亡時，自由意志並不存在，」馬建說。「當一個人無法返回祖國時，自由意志也不可能。」當你的護照被拿走，某部分的你也消失了。你變得不完整，無法充分表達自己。「身為一個國家的國民，或民族的一分子，是身分認同的一部分，因此就某方面來說，流亡也限制了自我的認同，」阿里雅克桑卓說道。

這是為什麼流亡的社群往往要比祖國的人民更容易展現出強烈的民族色彩。阿里雅克桑卓舉了一個例子，倫敦的小白俄羅斯社區是二次大戰之後，由一群從未在蘇聯生活過的人所建立的。「兩年前我搬來倫敦時，加入這個社群，我發現各種限制讓這裡比白俄羅斯更白俄羅斯，實在有趣。」這裡的人比白俄羅斯人更喜歡說白俄羅斯語，以及慶祝白俄羅斯的國定假日。「所以我在流亡時反而比在白俄羅斯更能滿足自己的認同。」

認同的例子說明了，在強迫下也能有自由的選擇，因此自由與必然性之間並非只是對立。阿里雅克桑卓談到他自由選擇說白俄羅斯語這件事。「身為白俄羅斯人是我重要的身分認同。對我來說，自由包括能自由地說我的母語，」他說道。「但遺憾的是，這是選擇的結果，因為我不是在說母語的環境下出生的。」但他又說，「這成為我的選擇，因為我的個人認同需要它。」這裡存在著一種必然性，但不是那種屈從於他人意志的壓迫的必然性。

信仰的自由是為自己思考的自由。它和獨立於我們的人生或文化的因果歷史的信仰無關。事實上，無法以人生經驗（至少一部分）加以解釋的信仰，是毫無價值的。這讓我更加深信，政治自由與形上自由都是整體的一部分，而非各自獨立的能力。

這條思路闡明了意識思想在自由中所扮演的角色。有意識的思考對於信仰的形成確實很重要。我們都不認為毫無反思只是一股腦兒相信自己所做所為的人，可以稱為人類自由的典範。這也是為什麼教育與資訊對於發展自由至關重要：如果我們無法檢視與修正我們所傳承的價值與信仰，我們就不算真正自由。然而，不可諱言，許多觀念是在無意識中產生的，偶爾在做決定時，某些想法就這樣突然出現在我們腦海裡，而不是經過一連串「因為……所以」的推論過程。像盧塞薩巴吉納與希帝奇這樣的人，他們強烈的奉獻力並不是論證的結果，而是他們身為人的核心要素驅使他們這麼做。因此，意識思想雖然在自由中占有一席之地，但它的作用複雜，不能只是簡單地說光靠意識思想就能產生自由選擇與信仰。

我們以藝術家與異議人士做為自由意志的典範來進行討論時，大腦與基因幾乎隱而不現。一旦專注於探討有意義的自由意志時，這些事物就變得無關緊要。當我們了解藝術自由與政治自由如何運作時，我們也將清楚發現，根本毋須主張自由的選擇必須不受之前的事件或大腦活動所影響。我們也不必認為，自由的行動者必須為自己是誰負起最終的責任。當我們思考藝術家與異議人士如何行動時，那些否認自由意志的人所發出的造作呼喊，變得毫無意義。就某種意義來說，大腦確實能產生觀念、信仰、欲望與行動，但這項事實無關宏旨，因為並沒有人主張觀念、信仰、欲望與行動來自某個虛無縹緲的自我。從藝術家與異議人士的例子可以看出，我們是誰與我們做什麼，其實泰半都已被決定好了。自由不是從零開始建立自己的人生與做出選擇。

自由指的是擁有自己的決定、行動、信仰與價值。我們越能遵從自己的意志，走在自己設定的路線上，就比遵從他人的意志，走在他人設定的路線上來得自由。我們若希望自己更自由，就需要意識思想做出貢獻。但這不表示每個行動、每個思想都必然是深思熟慮後的產物。總的來說，自由意志的意涵已經相當清楚，接下來在探討自由如何被削弱時，我們會看到更多細節。

我們已經明白自由並非絕對，而是程度之分。我們經常誤以為「意志」是一種能力，連帶誤以為是否發揮這項能力將決定了意志的有無。比較好的做法是，把自由想成我們或多或少擁有的東西。而這也足以解釋，為什麼沒有決定性的發現可以證明我們沒有自由意志。回顧科學研究，每個宣稱自由意志不存在的例子，其實只是顯示我們並未如我們所想的，在許多環境裡都具有控制力。由於這類判斷總是比較性的，我們可以藉此了解病態與正常的差異；這類問題在下一章將加以檢視。

自由不只是程度的問題，也有各種構成成分。自由涉及不一的自發性、原創性、意識思考，以及不受他人控制。這些要素會以不同的程度顯現出來。藝術家雖然少了點意識思想，卻因此獲得較高的原創性；異議人士雖然少了點原創性，卻比較不受他人控制。自由不是單一事物，它是各種能力的聚集。而這些能力是我們確實擁有的，科學亦無法否認這一點。

第四部

被削弱的自由

一個人最受責難的，就是有意識的意圖造成傷害。——Sam Harris

06 精神病患

哲學家丹內特形容自由意志是「我們今日面對最困難也最重要的哲學問題」。[1]我問他為什麼，他告訴我：「因為長久以來的傳統認為，自由意志是道德責任成立的前提。因此，我們的法律與秩序體系，我們的獎懲制度，我們做出承諾與維持承諾，以及契約法、刑法，這一切都仰賴自由意志的觀念。」然而，我們聽到，「神經學家、物理學家與哲學家表示，科學證明自由意志是一種幻覺，他們不畏於主張，我們的法律制度是立基於沙地上，看起來搖搖欲墜，我們必將經歷基進的改革，這個世界將出現巨大的改變。」

問題的根源正是我們已經很熟悉的自由意志的條件：能夠做出與原本不同的選擇。我們已經看到了，即使無法做出不同的選擇，一個行動依然可以是自由的。

1 Daniel C. Dennett, *Intuition Pumps and Other Tools for Thinking* (Allen Lane, 2013), p.408.

然而，我們是否可以因為一個人在行為當下無法做出其他的選擇，就予以指責或讚揚？對許多人來說，答案顯然是否定的。如同神經學家哈里斯談到強暴犯與殺人犯時說的，「說這些人有不強暴與不殺人的自由，意思是說他們原本可以抗拒自身的衝動（或避免感受到這股衝動），不致犯下這些罪行——前提是面對的狀況與大腦狀態完全相同。」[2] 哈里斯舉約書亞・科米薩耶夫斯基（Joshua Komisarjevsky）為例，他與另一名共犯闖入一戶人家，打傷父親，性侵了母親與女兒，然後在被害人身上灑上汽油，點火引燃。哈里斯說：「如果在二〇〇七年七月二十三日那天，換做我是科米薩耶夫斯基，也就是說，我擁有他的基因與人生經驗，腦子（或靈魂）完全一樣，而且處於完全相同的狀態，我可能會做出跟他完全一樣的事。」而哈里斯並未擁有和科米薩耶夫斯基一樣的基因與人生經驗，不過是出生與環境所決定。「運氣很重要。」[3] 因此，「生來就帶有精神病靈魂的人實在可憐。」[4]

另一位科學家道金斯認為，「從真正的科學與機械的角度看待神經系統，會覺得責任觀念無論多寡，終究是胡說八道。無論多麼窮凶極惡的犯罪，原則上都應該依據被告的生理學、遺傳與環境狀況來究責……我們在腦子裡建構了具意圖性的行動者，一個有用的虛構之物，賦予它責罰與責任，藉以規避對我們身處的世界進行更

2 Sam Harris, *Free Will* (Free Press, 2012), p.17.

3 Ibid., p.4.

4 Ibid., p.53.

真實的分析。」道金斯認為，責任觀念就像《非常大飯店》（*Fawlty Towers*）裡巴塞爾・佛爾提（Basil Fawlty）因為車子拋錨而毒打車子以示懲罰一樣不太合理。「對犯錯的人來說，決定責任歸屬的司法審判所做成的結論，不就跟佛爾提毒打他的車子一樣嗎？」他問道。「我有個危險的想法，認為我們終將走出這個觀念，並且嘲笑這個觀念，就像我們嘲笑佛爾提打他的車子一樣。但我想我可能這輩子都無法達到那樣的啟蒙境界。」[5]

我想如果我們開始以對待拋錨車子的方式來對待人類，非但無法顯示我們獲得了啟蒙，反而證明我們墮入了恐怖的黑暗。我們的確應該更加深入了解犯罪者的心理機制，由此我們將會發現，儘管這迫使我們重思責任的觀念，但不會消滅責任。

人要為自己的惡行負責

英國最惡名昭彰的精神病患集中營，位於伯克郡的布羅德穆爾。這個機構於一八六三年成立，名為布羅德穆爾刑事精神病院（Broadmoor Criminal Lunatic Asylum），在你踏入院區的那一刻，就能感受到它複雜的道德與哲學意味。二十英尺

5 Richard Dawkins, 'Let's all stop beating Basil's car', *Edge*, 2006, www.edge.org/q2006/q06_9.html.

高的無窗圍牆與守望塔，看來分明像一所「監獄」，但招牌上寫的卻是「醫院」。這裡收容的是病人，而非犯人。雖然裡面有許多人犯下可怕的罪行，但管理單位不是司法部監獄署，而是西倫敦精神衛生信託基金會。不要問這裡的收治對象是瘋子還是壞人：他們兩者都是。

我曾經到布羅德穆爾向葛文．阿德席德博士（Dr Gwen Adshead）請教，她是一位司法心理治療師，同時也是院內最資深的精神醫師。我開頭就問了一個最基本的問題：布羅德穆爾為什麼是醫院，而不是監獄？阿德席德博士回答說，主要的歷史原因在於，「精神病患不應該被監禁的良善傳統。犯罪者在犯罪當時如果有精神疾病，理應獲得一些同情，有那麼一點兒懲罰的味道。」

我想了一下，覺得這段話非常值得玩味。一般認為，一旦判定一個人的行動並非行使自由意志的結果，就沒有理由因為他的行為而責怪他。懲罰被丟出窗外，卻換了一張臉回來：如果一個人的行動不是行使自由意志的結果，那麼他確實值得同情。

這種說法不只適用在因精神失常而犯罪。御用大律師愛德華．里茲（Edward Rees）曾為許多未成年的暴力犯罪者辯護，其中不乏殺人犯。在倫敦中央刑事法院附近的咖啡廳裡，他告訴我有個「孩子」才十六歲，卻被判處二十年徒刑，「這個受創甚深的孩子人生已經無望，從他出生那一刻就毀了。」他沒有精神疾病，甚至也沒有品行障礙。「像他這樣的孩子很多。他們通常來自失能的家庭。他們是可憐蟲。他們是被變成那個模樣的，他們被變成了殘忍的人。」這些弱勢孩子終將走入監獄，里茲總是忍不住同情他們。並不是說他認為這些人不用為自己的行為負責。「免除他們的責任毫無意義，」他說道。

要完全拋開懲罰的觀念十分困難，原因在於身而為人，我們在情感與道德上彼此依賴，也就是哲學家斯卓森說的，「與人互動時產生的難以切割的態度與反應。」[6] 斯卓森認為，這種反應是好的，就算我們想要避免也是徒勞。

我們對於譴責與同情的態度正好提供了例證。有些人明明知道犯罪者在行為當下無法做出其他的選擇，還是不願意放棄懲罰的觀念，這就是斯卓森所說的「反應性態度」（reactive attitude）。他們只是調整一下他們以為的懲罰內容，從譴責轉為同情。沒有人放棄懲罰的觀念。放棄懲罰觀念會使我們在道德與情感上變得冷漠。認為懲罰犯錯者是不對的人，恐怕也不願見到人與人之間冷眼相向。相反地，他們傾向於支持一種強烈但不同的回應態度，也就是深刻的同情與同理心。

6 P.F. Strawson, ‘Freedom and Resentment’ in Derk Pereboom (ed.), *Free Will* (Hackett, 2009), p.151.

懲罰因此看起來不太一致：有人值得同情，有人得受罰。這種不一致是立基於人應該為自己的錯受到責難，但如果不是他的錯，他便值得同情。而既然最終沒有任何事可以歸咎於任何人，所以我們只有同情了。

這並不是說要廢除懲罰。犯人還是必須進監牢，不僅為了保護他人，也為了讓這些人改過自新。美國哲學家索默斯表示：「強姦犯與小偷是壞人。就算成為壞人不是他們的錯，但他們終究是壞人。」[7] 而壞人受的待遇應該與好人不同。但我們在這麼做的同時可以不用責怪他們為什麼做壞事。事實上，知道自己必須讓這些不用受責怪的人接受不好的待遇，也會加深我們的同情。

我們因此擁有一種懲罰的意識，不需要最終責任的概念，也不需要究責的概念。你值得適當的對待，也就是「適當的獎賞或懲罰」，而這些與責任的連結不大。舉例來說，某人應得適當的工資，這點不因自由意志是不是幻覺而受影響。

雖然這個說法言之成理，但我不認為我們應該完全拋開究責的概念。如果究責的主張需要「最終責任」，它會總是無法一致，因為我們是各種因素的產物，而有些因素在我們控制之外，有些甚至在我們出生前就已存在。如果我們接受部分責任的觀念，那麼部分究責的做法是否合理，這麼做好嗎？要回答這個問題，首先必須思

7 Tamler Sommers, *Relative Justice* (Princeton University Press, 2012), p.170.

考，在什麼樣的程度上，可以合理要求人們為自己的惡行負責。

理性的行動者

前面與政治異議人士的討論，讓我們明白自由意志是程度的問題。論及兒童發展，也可以明顯看出這一點。有意識的自我控制需要發展完整的前額葉皮質，但神經學家斯瓦伯指出，前額葉皮質的發展是「一段緩慢的過程，至少要持續到二十五歲。人一直要到這個年齡，腦子才會發育成熟，能夠控制衝動，做出道德判斷。」[8]

這表示責任並非全有或全無，尤其當我們思考犯罪時。阿德席德博士表示：「對於我們想要譴責的人，我們需要某種法律措施；而有些人我們只想略施薄懲。我們不想說這些人完全缺乏自主的行動，因此不能被譴責，但我們可以想想，如果我們處於他們的處境會如何，這樣我們也許不會如此指責他們。我認為減輕責任的辯護正是如此。」

「減輕責任」這個法律用語要比形上術語更能捕捉自由意志的真實內涵。布羅德穆爾的病人並未完全欠缺行使自由意志的能力。他們只是不具有完全的或能夠充分

8 Dick Swaab, *We Are Our Brains* (Allen Lane, 2014), p.396.

運作的能力。自主的行動能力與責任遭到削弱，但非完全喪失。減輕責任與完全責任並非對立，就像阿德席德博士說的，這是「一個不斷擺動的天平」，人可以在上頭持續移動。舉例來說，阿德席德治療的一名女性患者在傷害她剛滿月的孩子時，顯然處於心神失常的狀態，但在我與阿德席德見面當天稍早，她卻顯得極為冷靜，精神也很集中。

即使在極度嚴重的精神病患身上，也有責任可論。阿德席德的另一位女病患殺死了一名社工，因為她深信對方是魔鬼。在審判中，她被判定精神失常，對此阿德席德相當認同。然而，「她確實知道自己殺了人，她確實知道殺人是錯的，她確實花了三個小時待在房裡思考要不要殺人。」不僅如此，她覺得自己有罪，而且「很難接受醫療團隊的說法，他們說這不是她的錯，因為她在殺人的時候已經精神失常了」。

事實上，雖然一般大眾認為布羅德穆爾的病患已經不是責任與究責的概念所能規限，但阿德席德在面對這些病患時必須把這些概念擺在心中。她曾在一篇論文中指出，「我想尊重病患身為一個人的自主性，並且協助他們重建自主性，讓他們未來的行為更安全。我必須把他們當成有意圖以及有行為能力的人。」[9]

9 Gwen Adshead, 'Vice and Viciousness', *Philosophy, Psychiatry, & Psychology*, vol. 15, no. 1 (2008), pp.23-6.

雖然法律在論及減輕責任時，看起來確實了解這個觀念的內涵，背地裡卻把因精神失常而犯罪視為一個獨立的類別。技術上來說，要接受精神障礙（而非減輕責任）的抗辯，陪審團必須適用所謂的姆納頓測試（M'Naghten test），這是根據一八四三年一件判例而命名。上議院將這項判例明文化，「以精神障礙為由進行辯護，必須清楚證明被告在行為當時因精神疾病而處於理智欠缺的狀況，以致於無法了解自己的行為的性質與內容，或即使了解，也不知自己的行為是錯誤的。」[10]

「姆納頓測試很少使用，」阿德席德說道，「因為幾乎沒有人能通過這項測試。」實務上，法院會參酌精神醫師的鑑定報告，而報告中會試著判定一個人是否心智正常。實際上，心智正常與否是程度的問題。因精神失常而犯罪不完全是一個單獨的類別，它只是位於減輕責任這道光譜較極端的一側。

有趣的是，阿德席德提到布羅德穆爾的照護人員總會對病人加以區別，一種是應該對自己的罪行負完全責任，另一種則是不由自主地犯下罪行。「某個患者打他們，他們會憤怒地說，他是壞蛋，故意要傷害我們。另一患者打他們，他們會說，可憐的吉姆，他的病很嚴重，他不是故意的。他們整天都在做這種評斷，直覺是很強烈的。」

10 'Daniel M'Naghten's Case', United Kingdom House of Lords Decisions, 26 May, 19 June 1843.

阿德席德表示，這些區別的主要依據在於我們是否相信加害者是故意的。「我不禁懷疑，我們是因為人的意圖而施加懲罰，」她說道，「不論他們的意圖是否出於自己的選擇。」這帶出了另一個要素：意圖。這個要素與賞罰有關，卻不問意圖而為的行動是否為自由的選擇。意圖的重要性可以從里茲告訴我的一則童年趣事看出來，這類故事想必許多人都很熟悉。「如果我把事情搞砸了，我媽會罵我，我就會說：『我沒想到會這樣。』而她總是回道：『就是因為你從來沒想過。』我總是在想，如果我沒想到會是這樣的結果，我也不是有意造成這樣的結果，為什麼我要被罵？」我們覺得自己受到不公平的指控，是因為我們不是故意做錯事的，而不是因為我們在行為當下無法做出其他的選擇。

就連強烈反對自由意志與究責觀念的哈里斯也承認，「一個人最受責難的，就是有意識的意圖造成傷害。」這很合理，「因為我們在有意的計畫之後所採取的行動，往往最能反映我們心靈的整體性質——我們的信念、欲望、目標、偏見等等。」[11]

意圖這個概念的有趣之處在於，它看似形而上中立的，也就是說，我們可以合理地認為每個人都具有意圖，無論這些意圖是否不可避免的是偶然的或最終選擇的產物。事實上，就算有人完全不帶任何意圖，也是合理的。這是丹內特所謂「意向

11 Sam Harris, *Free Will* (Free Press, 2012), p.52.

立場」（intentional stance）的觀念核心。意向立場不是用來探討其他人、動物、甚或機器實際上如何行動，而是一種處理策略。

「它是這麼運作的，」丹內特在討論這個主題的作品中寫道。「首先，你認定對方的行為必須如理性的行動者一樣可以預測；然後，根據他的處境以及目的，你推斷這個行動者應該抱持什麼樣的信念。基於相同的思考，你推斷行動者應該抱持怎樣的欲望。最後，你預測這個理性的行動者將會依照他的信念來追求他的目標。」[12]

丹內特表示這是一個管用的策略。或許，更重要的是，這是人們面對他們認為可以控制自身行為的有意識的生物時，可以採用的策略。要將某個人當成有意識的行動者，就採取意向立場來看待他們。對比之下，在物質科學中，我們採取物理立場，認為原子與粒子完全可以透過物理定律來加以預測；事實上也是如此。觀察植物、動物與科技時，我們則採取設計的立場，根據它們如何被設計與如何演化（或者說自然如何設計它們），來預測它們的運作方式。

有時候我們會從物理的立場來看待人類，例如當我們想計算一個人從飛機上跳下來至掉落地面需要多久時間。相對於物理立場，我們更常採取的是設計的立場，例如當我們考慮飲食、運動或環境對身體健康的影響。但是談到行為，採取意向立

12 Daniel Dennett, *The Intentional Stance* (MIT Press, 1987), p.17.

場總是比前兩種立場來得管用。

意向立場為什麼有用，最簡單的解釋就是人的確會思考、決定與產生意圖。我認為在某個重要層次上，這點必定為真。但這個理論的美妙之處在於，即使人們只是看起來**好像**在思考、決定與產生意圖，這個理論依然適用。即使你走的是最強硬的科學主義路線，除了否認自由意志，也認為我們的行動只是神經元觸發連結的結果，你仍然無法否定，倘若你假定人們會思索自己在做什麼，你便可以更成功地與其他人互動，甚至可以影響與預測人們的行為。

所以，雖然阿德席德與哈里斯的評論暗示意圖確實存在，實務上行動是否反映了意圖倒沒有多大差異。唯一重要的差別是，人們的行動是否具有意圖。

意圖，不論善意與惡意，是斯卓森的「個人的反應態度」的基礎，也就是我們對他人的行為所做的道德與情感回應。這些反應態度「仰賴、反映出某種期待與需求，顯示我們希望他人對我們展現某種程度的善意或關切；或至少顯示我們不希望他人對我們有積極的惡意或漠不關心。」[13]

這些反應態度也成為懲罰的依據。阿德席德說，我們「根據意圖施以懲罰，無論意圖是不是來自個人的選擇」。哈里斯也說：「我必須為自己的行為負責，意思

13 P.F. Strawson, 'Freedom and Resentment' in Derk Pereboom (ed.), *Free Will* (Hackett, 2009), p.161.

是說我的行為與我的思想、意圖、信念以及欲望息息相關，可以說行為是思想、意圖、信念與欲望的延伸。」[14]這種思維方式可以上溯至亞里斯多德。弗雷德解釋說，根據亞里斯多德的說法，「對我們而言，要為自己的行為負責，行動必須或多或少反映了內在的動機。」但我們的動機不一定非得是自由選擇的產物。「責任不一定跟意志有關，」弗雷德說道。[15]

這個觀念聽起來有點可疑。問題出在無論意圖是否出於自由選擇，都與責任有關；反正意圖原本就無法自由選擇，至少從整體來看是如此。但是如果意圖並非我們有意的選擇，我們要如何為自己的意圖負責？換句話說，如果我們只有在意圖做一件事時才需對這件事負責，但我們並未有意地選擇自己的意圖，那我們為什麼必須為自己的意圖負責？

這個問題只有在我們假定唯一真正的責任是最終責任的時候，才會成為問題。要求人們負責，並且對他們意圖做的事施以懲罰，並不需要最終責任的概念。它只要求我們了解，有人做了壞事，原因不在於這件事出了差錯，或者這件事不應該發生，而是因為行為者的行為方式——他們存有傷害別人的欲望、信念或目標。意圖造成傷害的人存有惡意，這種人除非改過自新，否則會一再做出同樣或類似的事。

14 Sam Harris, *Free Will* (Free Press, 2012), p.49.
15 Michael Frede, *A Free Will* (University of California Press, 2011), pp.25-6.

非基於故意而造成傷害的人則不一樣，只要讓他們了解自己所犯的錯，他們就不會重蹈覆轍。

這種說法雖然不能合理化應報性懲罰，不過即使是全盤否認究責與責任觀念的「強硬派不相容論者」，也承認這種說法可以合理化正確的矯治性懲罰，產生威嚇、改造與保護的效果。德克・佩爾布姆（Derk Pereboom）表示，「這些強硬的不相容論者不會用譴責的目光來看待他人。即使犯罪者真的做錯事，他們也只是給予道德上的訓誡，或鼓勵他們改過向善。」[16]

如果你仍懷疑在這種狀況下要人負起責任的合理性，那麼休謨倒是提出一個頗具說服力的論點。休謨反轉了懷疑者的挑戰，主張懲罰的理由其實建立在被懲罰者擁有自己無法任意改變的性格與意圖。他認為，只有在我們看到「犯罪或傷害的行動」與實行這些行動的人之間的連結時，才會引發「憎恨或憤怒」。然而，如果我們擁有完全的自由，可以做我們選擇的任何事，那麼「這個連結將會煙消雲散，人們也毋須為這些行動負責」。因為：

行動就其本身的性質來說，是短暫而易逝的；行動不是源自於實行這些行動的

16 John Martin Fischer, Robert Kane, Derk Pereboom and Manuel Vargas, *Four Views on Free Will* (Blackwell, 2007), p.115.

人的性格或個性裡的某個原因，它因此不是緊跟著人，所以善良的行動不會增添人的名譽，邪惡的行動也不會汙損人的聲望。行動本身也許可受責難；它也許違反了所有道德與宗教規定：但人不用為行動負責；行動不是源自於人，人是持久而恆常的，行動過後不會留下任何持久而恆常的性質，因此人不可能以自己為由，而成為懲罰或報復的對象。因此，根據自由假說，一個人在犯下最可怕的罪行之後，還是如同剛出生時一樣純淨無瑕，他的性格與他的行動毫無關係；因為行動並非源自於性格，某人的邪惡絕不能用來證明另一人的墮落。

因此，「無論一般大眾如何反對，唯有基於必要性原則，一個人才能因為他的行為獲得褒獎與罪咎。」[17]

幾千年前，阿弗羅迪西亞斯的亞歷山大（Alexander of Aphrodisias）也有類似的想法。他思考的問題是，讚美與指責是否應該針對既能選擇為善也能選擇為惡的人；或者，是否應該針對擁有的善或惡使他們不可避免採取那樣的行為方式的人。亞歷山大認為，前者有所矛盾：善人不能稱之為善，因為善人不應該因為自己的善行而受到讚揚；而惡人不能稱之為惡，因為他們不應該受到指責。如亞歷山大在提

17 David Hume, *A Treatise of Human Nature* [1738], Part III, §II in Derk Pereboom (ed.), *Free Will* (Hackett, 2009), p.85.

到這個悖論時所說的，「審慎又有德行不是審慎又有德行的人所能控制的；因為這種人無法容納與這類美德相反的邪惡。同樣的道理也適用在惡人的邪惡上；因為邪惡不是這類惡人所能控制的，他們無法停止繼續為惡。」[18]

人是依照意圖行動，或者只是看似依照意圖行動，這兩項事實足以說明我們為什麼應該要求人為自己的行為負責，甚至因此接受懲罰。即使意圖不是出於自己的選擇，或者人在行為當時無法做出其他的選擇，這個主張依然成立。

道德思維的核心

儘管這個主張主要來自自由意志的哲學論辯，但我們在日常生活中思考讚揚與責難、獎賞與懲罰時，抽象的形上學卻派不上用場。有些人沒被送到布羅德穆爾，是因為我們相信他們原本可以做出不同的行為。更確切地說，如阿德席德所言，「人們來到這裡，其實是一種解決問題的實際方法。」這裡指的問題是，「來到這裡的人需要這種層級的安全措施。他們來這裡不是因為他們特別邪惡，而是因為其他地方無法管理他們。」

18 Michael Frede, *A Free Will* (University of California Press, 2011), p.11.

由此指出了刑事司法體系的運作方式。或許我們理解道德的方式，必須比傳統以為的更傾向於務實地管理傷害。在我閱讀了派翠西亞・丘奇蘭德（Patricia Churchland）的《從神經科學看道德》（*Braintrust*）之後，這個想法變得更加強烈。丘奇蘭德的作品從神經學的基礎探討道德思維，雖然這本書討論的是道德與道德思維，但查閱索引時卻完全找不到「自由意志」、「責任」、「指責」、「自主性」或「選擇」這些條目。

我跟丘奇蘭德見面時向她提起這件事，她說她「或許應該寫得更清楚一點」，她沒有羅列這些條目的原因在於，這本書的主旨是「為什麼會有任何有機體願意為別的有機體犧牲自己的利益，而這在生物學上又該如何解釋」。儘管如此，不用提及那些條目，這本書還是能深入探討道德這個主題，這充分顯示自由意志、究責與責任並非一般人所想的，是道德思維的核心。

但為什麼會如此？為了尋求解答，我重新回顧之前我與丘奇蘭德的訪談，內容是討論《從神經科學看道德》那本書。在書中，丘奇蘭德認為「我們人類稱之為倫理或道德的東西」，其實是「社會行為的架構」。[19] 所以一般來說，「面對必須解決的許多社會問題、資源稀少的問題以及其他問題，人類必須一起協商，想出溫和可行

19 Patricia Churchland, *Braintrust* (Princeton University Press, 2011), p.9.

的解決方式。有時這些解決方式在短期內極為有效，然後他們必須調整做法，以維持更長的時間。」[20]

由於道德的核心是用來解決社會問題，因此面對不同問題的不同社會，就會產生截然不同的道德。「道德受到許多因素影響，」丘吉蘭德解釋。「歷史當然是其一，此外還有生態條件。所以我們可以看到，愛斯基摩人的某些社會實踐，不同於生活在玻里尼西亞的人的社會實踐，而這至少有部分是基於一個事實：在極地生活實在是非常、非常、非常辛苦。」

最明顯的例子是愛斯基摩人對於欺騙絕不寬貸。「如果你對愛斯基摩人的文化有更深入的理解，你會發現欺騙將對整個族群造成重大危害，因為愛斯基摩人是在刀口上討生活。少獵一頭海豹，所有族人都要挨餓。要是有人說謊，讓大家為此展開捕獵活動，結果可能浪費了寶貴的能量，而饑荒確實會發生。」在玻里尼西亞人的「道德腦袋」裡，欺騙同樣是壞事，但他們社會面臨的挑戰與愛斯基摩人不同，「對他們來說，欺騙只是品行不端，所以你不會這麼做。但對愛斯基摩人來說，欺騙卻是很嚴重的事。」

我認為這種道德描述最具挑戰性的地方，在於它顯示禮節與道德位於相同的連

20 Julian Baggini, 'Interview with Patricia Churchland', *The Philosophers' Magazine*, issue 57, 2nd quarter 2012, p.63.

續體上。

「喔，人們討厭這種說法，」她說。「哲學家討厭這種說法。」

禮節與道德的差別只在於情況的嚴重性？「當然，就是嚴重性。這一切全與社會行為以及人與人之間相處的方式有關。像欺騙、殺人、疏於照顧兒童是非常嚴重的事；相反地，在餐桌上舔刀叉、放屁則是令人不悅的行為，但不會有人因此受到嚴重傷害。」

我認為，即使是從火星來的人類學家也會認為社會與道德明顯是連續的，因為當人們談起純屬禮節的事情時，使用的是道德性的語言。某些事會被認為是錯的，有些人則被認為是不夠體貼他人。

「是的，當然。他們使用相同的語彙，但並不是指這些事是嚴重錯誤。儘管如此，他們確實懲罰了這些人：這些人從此不再獲得邀請。他們不再是俱樂部的一員，也無法晉升為執行長。」

這個觀念沒什麼好令人驚訝的。無論如何，它並未貶抑道德。事實上，它對道德做了毫無爭議的定義，充分說明了我們對他人的責任與義務。如果我們嚴肅地看待這個觀念，以此做出邏輯的結論，我們會發現道德與實用主義並非水火不容；相反地，實用主義其實是道德不可或缺的一環。它的目的是希望人類能互利地共同生活，而非彼此傷害。一旦你接受這個觀念，你會發現各種社會控制、懲罰、譴責等等措施的存在理由，並非基於任何形上學的假設，只是單純建立在避免人們彼此傷害的考量上。如果這個說法是對的，我們就會明白對自由意志的關切，並不像許多人以為的會對既有的道德造成威脅。

刑法提供了一個好例子，顯示傳統的自由意志觀念對於究責與責任的運作並非必要。舉例來說，丘吉蘭德在法律與法學討論中搜尋自由意志的概念，她發現當中從未出現「自由意志」。「有的是對『犯罪意圖』的考量，以及是否對情況等有所認識，這些才是真正要緊的。在爭論是否有罪或量刑時，自由意志根本不在討論之列。」

丘奇蘭德並非唯一發現「能夠做出與原本不同的選擇」這個傳統的自由意志概念，無法合理化我們的刑法實踐。舉例來說，索默斯認為「應報的態度與傾向可以增強適應」，這種態度與傾向「合乎天擇，其所激勵的行為可以讓社會更協調」。[21]這表示應報的合理化基礎在於能否規範行為，而不在於最終責任。心理學家加札尼加也表示，個人責任的概念「完全取決於社會互動，也就是社交往來的規則。這不

21 Tamler Sommers, *Relative Justice* (Princeton University Press, 2012), p.36.

是在腦子裡可以找到的東西」。[22]責任與自由存在於「腦子與腦子之間的空間，以及人與人之間的互動」。[23]這也是為什麼我們無法在腦子裡找到能威脅自由意志的事物。

事實上，責任的概念與自由意志的關係可能更加疏遠，哲學家約書亞・諾布（Joshua Knobe）進行的一場著名實驗，可以說明這一點。[24]想想以下場景。一名餐廳經理想更換供應商，他希望用更好的價錢取得品質更好的食材，最後他選擇了一個他認為十分理想的供應商。他跟買家說了這件事，結果對方反應，「嗯，我想你應該知道這個供應商並未擔起企業的社會責任。他們對於供應鏈末端的工人態度惡劣，而且工資極低，他們的經營也對環境造成破壞。」經理回道，「我不在乎，我只想為我們爭取最好的交易。」這名經理是否要為自己支持不負責任的企業所導致的損害受責？先不要說出你的答案。現在，想像他做出相同的提議，但這一次買家說，「好啊，那是一家願意負起社會責任的公司，他們善待供應商、員工與環境。」這名經理回道，「我不在乎，我只想為我們爭取最好的交易。」他是否要為自己支持好企業所帶來的種種益處而獲得讚揚？

大多數人會指責第一個例子裡的經理，但不會讚美第二個例子裡的表現。我們以為他是故意導致壞的結果，而好的結果則是誤打誤撞產生的。但有些人主張這樣

22 Michael Gazzaniga. *Who's in Charge?* (Ecco, 2011), p.108.
23 Ibid., p.137.
24 Joshua Knobe, 'Intentional Action in Folk Psychology: An Experimental Investigation', *Philosophical Psychology*, 16 (2003), pp.309-24.

的判斷前後不一。在這兩個例子裡，經理的行為與結果之間的因果關係完全相同，對結果也都漠不關心。那麼為什麼他必須為壞的結果負責，好的結果卻不算他的功勞？

這並不是什麼難解之謎。你會覺得前後不一致，是因為你假設行動者、行動與結果之間的因果，決定了一個行為的道德地位。但要是真正關鍵的因素，只是為了讓責任系統運作呢？也就是那位經理必須因為可預見的壞結果而遭受指責，即使他並未主動促使這件事情發生。唯有如此，我們才能要人們為壞的結果負責。然而，對於非出於意圖而產生的可預見的好結果，我們卻沒有理由去稱讚行為者。就行為修正而言，讚賞並無好處。事實上，就算產生了好處，人們也必須因為自己對結果漠不關心而受指責。「你用了這些人，這是好事，但我希望你可以更積極去尋找這類供應商，而不是誤打誤撞。」因此，如果你從管制行為的觀點來檢視怎麼做才是對的，你會發現對這兩個例子做出不一致的回應完全恰當。需要指責，但不值得讚賞。目標是管制行為，而不是找出精確的因果的形上學。

這顯示了就算決定論為真，我們還是有理由要求人們負責，即使在行為當下他們無法做出其他的選擇。這種說法並不像聽起來那麼違反直覺。哲學家尼科爾斯表示，「一些實驗顯示，就算人們認為責任與決定論不相容，就算你活靈活現地告訴他們決定論為真，他們還是會抱持相反的觀點。所以即使你說服他們相信決定論很可能是真的，他們還是傾向於認為人必須為自己的行為負責。」

尼科爾斯又說，有趣的是，對自由意志卻不是如此。在決定論的宇宙中，大家都認為人應該為自己的行為負責，但人沒有自由意志。所以，就算是一般常識也能區別責任與傳統自由意志觀點的不同。「我認為我們可以輕易將自由意志從責任的概念中剔除。有不同的責任概念，也許在某種意義上，我們應該放棄理所當然的責任觀點，以管制的角度來思考責任。」

說得更明白一點，這表示我們可能要放棄應該由行動的最終引發者負責的觀念，取而代之的是，一如「負責」(responsible)一詞所顯示的，我們必須做出「回應」(responsive)，對指責、讚美等等做出回應。就此意義而言，責任並非全有或全無的問題：我們或多或少負有責任，我們要學習負起責任或避免責任。事實上，我們的確是這麼思考日常生活中的責任。舉例來說，我們認為一個人該負多少責任與他的年紀、他在合理範圍內對事物有多少認識、他有多大的控制力有關。責任是程度的問題。

他不知道自己在做什麼

由於道德基本上根植於社會，因此道德規範無論好壞都反映了社會規範。舉例來說，如果你看看刑事責任的判定，不難發現社會常規與精神病學證據同時運作。里茲告訴我，「要提出減責抗辯並不容易，因為陪審團通常不喜歡殺人的人。」打從內心對殺人者的怨恨，使人難以接受任何可以減輕責任的證據。

這在殺童案尤其明顯，這類凶犯進入布羅德穆爾的少之又少。「殺害兒童，特別是帶有性的動機，這樣的犯罪確實很不尋常，」阿德席德說道。「但殺童的人很少被送到這裡來，也很少接受精神治療，我認為這是因為如果他們被送來這裡，就表示多少值得同情，但是沒有人可以同情他們。」殺妻者也是一樣。

雖然客觀上來說，殺童者應該跟殺害素不相識的成年人一樣瘋狂，但社會不願把前者當成病人，因為這麼做會讓凶嫌逃過懲罰，讓他們成為被同情的對象。雖然這麼做看起來標準不一致，但如果你從適當性的角度看待懲罰，從管制的實用需求來看待正義，那麼就算理由未盡充分，仍具一定的合理性。如阿德席德博士所言：「這一切都跟社會有關，不是嗎？當某人傷害了孩子，他等於得罪了整個社會。我們都關愛自己的孩子，希望他們不受傷害，因此殺童等於是冒犯了全體，我們希望做出公平且符合比例的回應。」

然而，從另一個角度來看，社會對於界線該劃在哪裡的判斷，幾乎沒什麼道理可言。一般來說，我們越是找不到犯下暴力犯罪的理由，就越是傾向認定犯罪者的精神有問題。「恐怕事情就是如此，」阿德席德說道。「事實上，大約二十年前曾經做過一個詳細的研究，顯示如果人們越不了解一個人為什麼有如此的犯行，那個人在布羅德穆爾就會待得越久。」

然而，一些可理解的故事也不乏古怪的內容。舉例來說，在我與阿德席德見面之前，有一名男子因為殺死妻兒而被判三十年徒刑。「他有一份精神報告，甚至可能有兩份，裡面提到他有精神疾病，」阿德席德說道。「但陪審團不理會這些報告，因為檢方提出另一項說法，指出他的妻子在離婚時把他的財產榨得精光，因此他基於怨恨而痛下毒手。」但阿德席德表示，這「無法解釋他為什麼要殺死孩子跟寵物」，但「刑事法院就像戲院一樣，你必須講故事，故事動聽就會贏」。在這個故事裡，財殺的情節贏得陪審團的心，人們相信「謀財害命是個有力的動機」，會讓一名神智清醒且理智的人犯罪。「如果你的財物被奪走了，當然會非常生氣，然後你因此殺了人，這跟瘋了有什麼兩樣。」

丘奇蘭德舉了另一個例子，說明責任的歸屬與理智的程度會隨社會與政治風向轉變。「在美國法裡，有段時期心神喪失的抗辯需要具備兩個要件。你可以主張被告不知道自己在做什麼，他完全處於妄想狀態（cognitive prong）；或者，你可以主張被告知道自己在做什麼，但他無法阻止自己這麼做（volition prong）。當年辛克利（Hinckley）槍擊雷根（Reagan）後，面對審判時，他所提出的抗辯就是他無法阻止自己的行為。他知道自己在做什麼，這一點無從辯駁，因為他事前一再計畫。於是抗辯焦點轉為他無法阻止自己的行為，因為他迷戀女星茱蒂·佛斯特，他不斷想著如果自己槍擊雷根，茱蒂·佛斯特就會喜歡上他，因此他的行為基本上是一種心神喪失，應該判處無罪。但當時的情況時，民眾普遍喜愛雷根，因此以心神喪失為由免除他的罪刑無法被整個社會接受。後來絕大多數司法管轄區進行裁判時，不再適用無法阻止自己的行為做為心神喪失成立的理由，現在可以用來抗辯的只剩下不知道自己在做什麼。」

管制自身行為的能力

當人們思索社會生活在自由意志的概念中扮演了什麼角色，以及當我們在行為時無法做出其他的選擇時該如何歸責時，不少人提出冷嘲熱諷的觀點，認為自由意志只是一種迷思，一種哲學的胡扯。然而，如果絕大多數人都不相信自由意志存在，整個社會可能會分崩離析。

即使否認自由意志與賞罰觀點的人，最後還是會發現很難擺脫責任的觀念。尼科爾斯對此深有所感。「我從大學開始就是個強硬派的決定論者。但後來我想到，要是我太太做了我不喜歡的事，我不會因為說，『喔，反正她都已經決定了』，就原諒她的行為。」由於人對於自由意志的信念根深柢固，因此尼科爾斯認為，我們不需要撒謊，人自然而然就會主張自由意志存在。「人是不會變的。我們的情感與道德反應要比任何理論空想都來得深刻。休謨說過，基本上，任何理論上令人憂慮的東西，都無法取代你天生的道德情感。」

有些人更進一步認為，自由意志的信念不僅難以動搖，而且事實上，即使自由意志是假的，去除它反而有害無益。關於這一點，心理學家丹尼爾・韋格納（Daniel

Wegner）曾經說過，「心智因果的頂端堆積了大量的幻覺」，自由意志就是其一，「這些幻覺構成了人類心理與社會生活的基石。」[25]同樣地，斯米蘭斯基也支持一種名叫「幻覺主義」的觀點，認為「我們無法活在滲透自由意志問題的世界裡，要解開自由意志的真相也是極其危險的舉動」。這句話的意義明顯，「坦白說，原則上人不應該充分理解自己所做所為的最終不可避免性，因為這會影響他們負責任的方式，」而且通常是變得更糟。[26]

社會也許會因為缺乏自由意志的信念而崩解，但不表示維繫社會是相信自由意志存在唯一且最佳的理由。文明可能會因為缺乏許多真實的信念而崩潰，例如植物從種子發芽成長、我們需要喝水才能存活。道德、究責與責任確實具有社會功能，但不表示能發揮社會功能的只有這三者。

令人慶幸的是，我們毋須擔憂宣傳高貴的謊言可能帶來的倫理問題。如果你一開始就被說服相信自由意志是虛構的（但我並未被說服），那麼你只需要認真看待自由意志是個必要的虛構這個想法。只要能證明我們確實能控制自己的思想與行為，那麼我們就能說確實存在著一種可以稱之為自由意志的事物；而我認為現在應該可以明確地說，確實有這樣的東西存在。從一開始的討論至今，我們一直強調一個事

25 Daniel M. Wegner, *The Illusion of Conscious Will* (Bradford Books, 2002), p.342.
26 Saul Smilansky, 'Free Will, Fundamental Dualism, and the Centrality of Illusion', in Robert Kane (ed.), *The Oxford Handbook of Free Will* (Oxford University Press, 2011), pp.440, 434.

實，那就是無論人是否對自己的行動負有最終責任，無論人在行動當下能否做出其他的選擇，人在某種意義上都能控制自己的行為。如果我們想維持指責、讚美與責任，那麼我們需要的是這種自制的能力，而非傳統的不受限制的意志自由。

我們不需要任何特定的科學證據來證明自己具有這種能力。舉例來說，有些人比較能控制自己的脾氣，人們甚至可以接受訓練提升這方面的能力。研究指出，人在饑餓或憤怒時特別容易失控，這項結果並不帶有貶意，它只是顯示自我控制的能力並非絕對，會受到環境與生物因素的削弱。這類研究可以協助我們增強自制的能力：一旦了解食物對我們的影響，我們可以計畫自己的飲食，避免因葡萄糖缺乏降低我們的決策能力。

就連嚴厲批判自由意志的哈里斯也承認這一點。「能敏銳察覺到自己的思想與情感的背景原因，反而可以更有創造力地控制自己的人生，」哈里斯說道。「因為心情不好而跟太太吵架是一回事；了解血糖降低會影響自己的情緒與行為則是另一回事。這樣的理解顯示我們是生化的傀儡，這一點大家當然知道，但我們也因此掌握控制自己能力的可能：搞不好你的人格只是需要吃點東西。深入了解自己的思想與情感背後的成因，可以讓我們為人生規畫出更好的航線（當然我們知道最終我們都是被領著往前走）。」[27] 在上述段落中，明顯可見哈里斯的警語，他兩度提到人們「當然」知道。哈里斯想要同意我們可以增強自制的能力，並且決定自己的方向；但又認為最終我們還是無法控制任何事物。這樣的說法構成了悖論：自主的傀儡與被指引的舵手。這實在不必要。我曾說過，「最終」控制的觀念是一種誤導。我們不需要這些警語，至少不應該加在這些尋常事物中。我們可以用各種方式增加自制的能力，但不要因為我們不可能取得最終的控制，就儀式性地貶抑自制的可能。

歷史上曾出現各種關於人類自由的定義，這些定義要比當代的自由意志觀念更能捕捉到自由的實質。例如弗雷德總結了斯多噶學派對自由的定義：「能依照自己的心意行動，能依照自己的考慮行動，能為自己行動，能獨立行動。」另一方面，艾比克泰德（Epictetus）則認為自由是：「意志可以不受阻礙地做出自己認為適當的選擇，意志可以不受任何壓迫做出自己想做的選擇。」[28]

休謨也提出類似的定義：「關於自由，我們只能說，它是根據意志決定行動或不行動的力量；也就是說，如果我們選擇靜止不動，我們就靜止不動；如果我們選擇移動，我們就移動。現在，除了犯人與身陷枷鎖的人，這個原本只存在於假說的自由，已為世上每一個人所享有。因此，自由與否已非爭論的主題。」[29]

27 Sam Harris, *Free Will* (Free Press, 2012), p.47.
28 Michael Frede, *A Free Will* (University of California Press, 2011), pp.76, 67.
29 David Hume, *An Enquiry Concerning Human Understanding* [1748], §8 in Derk Pereboom (ed.), *Free Will* (Hackett, 2009), p.98.

到了近期，哲學家瓦爾加斯說道：「當行動者在思考或行動的脈絡下具有察覺道德思考的能力，而且能以道德思考來約束自己做出適當的行為時，我們說這個行動者具有自由意志，或者說這個行動者能根據或憑藉自由意志行動。」[30] 同樣地，費雪把他的相容論建立在管制控制（regulative control）與引導控制（guidance control）的區別：前者必須確實有其他的選擇可能；後者則非如此。引導控制要求「機制的運作必須來自『行動者本身』，而且必須適當地『對理由做出回應』」。[31] 舉例來說，如果你開車前往目的地，你選擇了你認為正確的路線，即使你只是跟著衛星導航走，這也是引導控制。畢竟，如果你的衛星導航不可靠的話，你就會尋求其他的建議。

費雪清楚表示，「基本的直覺想法要比細節來得重要。」我認為他說得很對。[32] 不同的哲學家有不同的說理方式，但核心觀念同樣清楚簡單：我們知道其間差異在於決定與行動是源自於我們，或不是我們。當然，這當中存在著灰色地帶。舉例來說，當陷入集體歇斯底里的時候，一個人還擁有多少自制的能力？肯定沒有神智清醒時多，但是否足以要求他負責？我們無法得出清楚的解答，但如果自由與責任是程度的問題，而事實上它們確實是如此，那麼當中肯定存在著灰色地帶，而拒絕接

30 John Martin Fischer, Robert Kane, Derk Pereboom and Manuel Vargas, *Four Views on Free Will* (Blackwell, 2007), p.160.

31 Ibid., p.78.

32 Ibid., p.79.

受這塊灰色地帶的自由意志哲學，實在不太可靠。

這樣的自我控制並不需要自外於因果的自然律。事實上，針對自制的內容所做的一些著名解釋，明顯考慮了外在世界的因素。以康德的自律（autonomy）的觀念為例。如詞源學顯示的，自主是自我（autos）的治理或規範（nomos）。然而，康德認為這樣的解釋不足以說明，自我基於自身的目的而實現道德律的能力。那不是根據任何法則來管理自己，只是任隨己意行動。當自我根據外在於自我的法律來指引自己時，自主才有意義。

自由意志與自律不完全相同，但很類似。自律如果完全不受先天與後天、遺傳與環境影響，將會變得隨機而無意義。自律只有針對一個人可以加以控制的事才有意義。

從我們培養與發展自制的方式，可以看出我們確實知道外在社會標準的重要性。「以兒童為例，」丘奇蘭德說道，「某種程度上，我們就是利用自制的因果關係，當孩子可以克制衝動時，我們給予獎賞；當孩子無法克制衝動時，我們就延後獎賞或給予懲罰等等做法。」丘奇蘭德覺得奇怪的是，我們往往只把這個過程當成訓練的機制，而認為成年人的自制完全發自內在。「一旦人們滿二十一歲了，我們就說他們是在因果真空中做決定。」

丘奇蘭德也在自由意志不受生理影響的觀念中看到類似的問題，因為我們知道「自我意志確實受到疲憊、壓力、饑餓或酒精影響」。「這些自由意志主義者是怎麼說的？當我處在高度壓力下，是由我的大腦來做決定；而在沒有壓力的情況下，瞧，是由自由意志來做決定？你可能會說有兩種層面的決定，一種是純粹的，另一種是在壓力下由腦子做決定。這實在很奇怪。」

確實奇怪。我們確實能自我控制，而自制並不是存在於因果真空中的東西。然而，這種自制就是我們所說的自由意志嗎？它肯定不像一些哲學家說的那樣，或許這正是為什麼丘奇蘭德會認為，「自制的神經生物學要比哲學裡任何自由意志的討論都來得有趣。」但或許最好的解釋是，真正的自由意志在本質上是「一個健康的控制體系，所有的配件都運作良好——沒有比這種情況更好的了」。我想確實是不能再好了。

我們顯然擁有管制自己行為的能力，但對於否認自由意志的人來說，光有這一點還不夠。為什麼不夠？我想是因為他們混淆了兩種思索人類行動的方式。其一是形上學的問題，探討選擇與行為的最終**根源**。其二則是倫理問題，探討究竟是什麼

管制行為。這是兩個截然不同的問題，但答案毋須彼此衝突。就算決定論為真，讚美與指責、獎賞與懲罰顯然還是能改變我們的選擇。這應該足以解釋現實主義的自由意志形式，也就是我們不需要是選擇與行為的起源者，我們只是自身行為的管制者。

重新整理大腦的線路

我對於責任的理解方式，從過去式的「可以做出其他的選擇」，轉變成未來式的「可以做出其他的選擇」。我們應該可以接受這樣的說法：在行動的那一刻，基於過去曾經發生的一切，一個人不可能做出其他的選擇。但我們知道，做出不同選擇的那個世界，與我們實際做出選擇的這個世界，兩者並無太大差異。要做出不同的行動，不需要更多的知識、思想、細心等諸如此類的東西。要人們負責，不需要回顧他們做了什麼或忽略了什麼，而是要他們留意當下，了解他們現在已經擁有一切可得的知識、技術與工具，可以做出不同的選擇，因此他們未來可以且應該做得更好。這聽起來也許有點前後不一：當真正重要的是現在與未來時，我們卻為了過去而指責別人。但這是指責的系統得以運作的唯一方式。

如果我們過於強調自己在行為當下無法做出其他選擇，我們會覺得自己不應該受指責，因此不願意自我批評，而這將導致我們未來無法做得更好。如果我們多關心接下來能做的事，少看已經做了而無法彌補的事，也許會讓我們好過一些；不過未能深刻意識到自己無法達到原本應該達到的合理標準，我們將因此缺少應有的遺憾與懊悔。

儘管如此，還是有人認為我們應該拋棄回顧式的指責與責任的觀念，神經學家伊格曼就是一例。他的作品《隱姓埋名者》（*Incognito*）有一章的標題是：「為什麼該不該指責是個錯誤的問題？」我跟他碰面時，他簡短回答了這個問題。

「我想以此討論，所有影響一個人的因素，例如生物因素與經驗因素，以及相對於基因的錯或經驗的錯，他自己的錯誤占了多少比例？我認為這絕對是無法回答的問題。這就是為什麼回顧式的該不該指責的問題是無法回答的。所以我才說這是個錯誤的問題。」

對伊格曼而言，要緊的不是誰或什麼該為已發生的事受指責，而是我們如何「重新整理大腦的線路」，讓人不再重蹈覆轍。為此，根本不需要「該不該指責」。

「我致力推動的是前瞻性的體系，除非我有遺漏，否則我不認為以這樣的方式運作整個體系會有什麼問題。」

然而，伊格曼倒是樂於承認，重整大腦線路的最好方法，其實是老派的讚揚與指責、獎賞與懲罰。「讚揚、指責與諸如此類的東西，全是用來讓人前進的工具，」他說道，而且「我不反對監禁，這是原始的重整大腦的策略」，其他還有斥責、打屁股、罰款等等。「你可以用這種方式讓自制系統好好地管制自己。」

指責似乎只對某些例子沒用，「有些人由於大腦病變，無法透過傳統方式加以修正。讓這種人在烈日底下碎石完全是浪費時間，因為完全無法解決問題。」

我對於伊格曼是否真的認為指責是個錯誤的觀念表示懷疑。伊格曼的核心論點是，刑事司法體系建立在改變行為上，而非最終責任觀念。這一點我同意。但不要以為這種想法與指責觀念有所衝突。我們說某個人具有自由意志，意思是說他能改變自己的行為，而這是為什麼指責依然能發揮功能且合理的緣故。接受指責觀念不表示提出形上的主張：假使歷史重演，當時犯錯的你很可能做出與原本不同的決定。意思是說，一個擁有跟你相同知識、成熟度、經驗與能力的人，在那樣的處境下，可以而且應該做出不同的行為。這才是我們該重視的，這才是讓我們在未來能夠有所改變的想法。事實上，停下來問自己是否能做出其他的選擇，完全是想太多；當人們這麼想的時候，通常是為自己找藉口。

回顧沃斯與斯庫勒的研究，他們認為「行為會受到基因與環境決定」的想法只會產生更多欺騙。同樣地，鮑邁斯特（Baumeister）、瑪西坎波（Masicampo）與德沃爾（DeWall）的研究顯示，「不相信自由意志，將會降低互助，增加侵略性」，「會鼓勵人們衝動行事，助長自私與任性胡為，如侵害或拒絕幫助他人。」[33] 總歸來說，認為自己無法做出其他選擇的想法，無法協助我們改進未來的行為。

阿德席德有著第一線的工作經驗，她也認為把回顧性的指責與前瞻性的改造計畫分開來看，是一種誤導。她應該會同意伊格曼的說法，認為我們無法判斷一個人是否能做出其他的選擇。「我們不可能總是知道某個人在行為當時是否可以做出不同的選擇。我們只知道他確實做了某件事，在那當下他的內心充滿了做那件事的意圖。」因此她認為她的主要任務是協助人們在未來可以做出不同的選擇。為了做到這一點，你必須讓人「以不同的方式與自己的腦子連結」，要對「自己的心智有更多的好奇」，克服「內心有個念頭就必須加以實踐的想法」。

所以，重點不在於人是否該負責的形上學問題，而是讓人們變得更有責任感，

33 Roy F. Baumeister, E. J. Masicampo and C. Nathan DeWall, 'Prosocial Benefits of Feeling Free: Disbelief in Free Will Increases Aggression and Reduces Helpfulness', *Personality and Social Psychology Bulletin*, vol. 35, no. 2, February 2009, pp.260-68.

為自己的行為負責。阿德席德解釋說，回顧是這種做法的核心。「當人們負起責任時，他們會以些微不同的方式看待自己做過的事，以及自己傷害過的人。這是一種連結的方式，他們知道自己身在其中，那是他們的一部分。他們必須面對這個連結，無從否定，也無法拒絕。我們尤其會在殺人犯身上看到這一點。」阿德席德與我見面前，正忙著處理一名憂鬱的精神病患，他說自己之所以殺死妻子，全是妻子的錯。「結局不得不如此。『我造成她的死亡，那是件可怕的事。』」

如果病人要恢復自主行動的能力，這些努力必不可少，這是讓他們為自己行為負責的方式。阿德席德引用犯罪學者夏德．瑪魯納（Shadd Maruna）的說法，瑪魯納曾對「更生人做過一些有趣的研究，並且分析他們的說話方式」。阿德席德表示，瑪魯納相信「那些想改過自新的人在談到自己的時候，會覺得自己的行為更具主動性」。同樣地，強納森．阿德勒（Jonathan Adler）發現，對心理治療有正面經驗的人，他們的敘事方式較具主動性且較為一貫。「人們逐漸了解，許多接受治療的人處於消極的心理狀態，而治療讓人們重拾一些主動性，讓他們覺得對自己的人生有些許控制力，他們可以以不同的方式體驗世界，與其說是不斷被各種人事物給『改變』，他們會更覺得自己是敘事中的行動者。」

令人感到諷刺的，或許是心理學與心理治療長久以來一直反對這種做法，而且推廣過時的模式，把人當成精神疾病的受害者。「這才是真正的問題，」阿德席德說。今日，人們過於熱切地想要做到同情與理解，而這通常是受到神經科學的影響，認為人不應該為自己的行為受指責；這種想法會使人們無法成為負責任的公民。

雖然我們不應該拋開指責的觀念，但我認為在運用這個觀念時必須小心謹慎。哲學家漢娜·皮卡德（Hanna Pickard）主張，我們應該避免「情緒性」的指責，包括怨恨、憤怒、憎惡，以及覺得自己有權發洩負面情緒。皮卡德在臨床上曾接觸患有「能動性障礙」（disorders of agency）的人，例如成癮者與厭食症患者。她發現，把這些人視為負責任的行動者，並且促使他們做出自己的選擇，是一件非常重要的事，情緒性的指責毫無幫助。因此，皮卡德開始對「不帶指責的責任」（responsibility without blame）產生興趣。進一步闡述，就有了不帶情緒性指責的責任。這種責任感牽涉到「不帶情感」的指責（detached blame），是一種對指責的判斷或信念，可能也會導致制裁。但它沒有情緒性指責的那種情感的「蜇刺」。[34]

皮卡德提出了非常重要的觀點。然而，我們不見得要把指責區分成兩種，我們可以說指責只有一種，只是它所承載的情感指控有著強度上的差異。指責通常達不

34 Hanna Pickard, 'Responsibility without blame: philosophical reflections on clinical practice' in K. W. M. Fulford, M. Davies, R. T. Gipps, G. Graham, J. Sadler, G. Strangellini and T. Thornton (eds), *The Oxford Handbook of Philosophy of Psychiatry* (Oxford University Press, 2013), pp.1134-50.

到預期的目標，因為它經常伴隨著過多的憤怒與憎恨。然而，如果指責只是用來讓人察覺自身的責任，那麼它就具有正面的效果。總之，就算不排除指責的觀念，我們也能以開明的態度來面對責任。

為了懲罰，所以採取應報？

有人認為開明的自由意志觀點是指「我們將不再施加任何懲罰」，這種想法看在哲學家丹內特眼裡，「是個非常膚淺的想法，完全沒有道理。我們從神經科學學到的事，並不是為了破壞契約法與刑法的基礎。」

儘管如此，丹內特還是檢視了這個激進觀點的各種版本，他認為這些說法全都「過度引申」。「如果法律以自由意志主義的觀點為前提，那麼它應該立即放棄這個無用之物，」丹內特說道，因為誠如斯卓森所言，那是「晦澀且令人驚恐的形上學」。法律絕不會以這種東西為前提。

到處宣揚懲罰毫無道理、責任是種謊言的人，就某種意義來說，他們的行為是不負責任的。而且危險的是，這將成為一種自我實現的預言。正如實驗顯示，經濟系學生被教導說人類是理性的動物，會追求自身利益的最大化，於是他們開始在思想與行為上變得更自私；同樣地，先前已經提過，沃斯、斯庫勒與鮑邁斯特的實驗顯示，如果人們知道不用為自己的行為負責，那麼他們會表現得更不負責。

這裡有個諷刺。相信我們沒有自由意志，是意識之外的隱藏原因的傀儡，反而改變了我們的行為。而這清楚顯示了，我們在意識層面相信的事物，確實會影響我們的行動。因此，相信有意識的思考無法改變任何事物的人，他的行為反而證明了自己否定的想法是對的。

雖然我們找不到任何東西可以證明懲罰完全不合理，但我仍同意丹內特的說法，「特別是在美國，當然應該改革糟糕的刑事懲罰體系。」對某些人來說，這表示要從道德典範切換至醫療典範，把犯罪行為視為精神疾病的前兆。舉例來說，雖然神經犯罪學家艾德里安・雷恩（Adrian Raine）並未否認環境在反社會行為中扮演的角色，但他仍主張「反覆出現的暴力犯行是一種臨床病症」，而「暴力已經被世界衛生組織美國疾病控制與預防中心視為公共衛生的問題」。[35]這方面的證據包括，舉例來說：「前額葉功能失調是反社會與暴力行為最常出現的相關問題」，而低靜止心率與反社會行為的關係要比抽菸與肺癌之間的關係來得密切。[36]

35 Adrian Raine, *The Anatomy of Violence* (Allen Lane, 2013), pp.335-6.
36 Ibid., pp.68, 104.

但我們無法從這些證據推論出，「治療犯罪行為的身體病因，會比修正助長犯罪行為的複雜社會因素，來得快速而有效。」[37]我想此刻我們不難看出，同意神經與生物因素會對行為造成影響是一回事，但認為我們應該將犯罪者視為這兩種因素的傀儡，則是另一回事。我們也必須牢記一句統計學的格言：「相關不是因果。」許多人具有犯罪行為應有的生物因素，但這些人並未犯罪，這說明了把荷爾蒙與腦部功能視為犯罪的直接原因顯然過於簡化。有人主張，「誰會成為罪犯，基因可以提供一半的解釋。」這種說法不過是對「犯罪行為有百分之五十是來自遺傳」的誤解。[38]

這並不是說我們應該把做為犯罪防治策略一環的準醫療介入予以排除。好比說，許多證據顯示，藉由外科手術去勢可以幫助一些性犯罪者不再犯。[39]事實上，應該還有其他特定的生物學方式可以協助人們控制他們的暴力或衝動傾向。但我們沒有充分的理由認為，這種做法可以或應該完全取代讚美、指責與懲罰體系。即使嘗試這麼做都有可能破壞社會強化（social reinforment），使自主性無法廣為發展。

直接以治療取代懲罰，似乎是有問題的做法。我們應該還有其他的方法改革刑事司法制度。想知道該怎麼做，必須先了解懲罰存在的基本理由。

第一個理由是應報，本質上是一種為自己的惡行付出代價的形式。其他三種經

37 Ibid., p.339.
38 Ibid., p.47.
39 Ibid., pp.283-8.

常提及的理由是威嚇、社會復歸與保護大眾。有時還會加入第五種：表達社會對這項行為的不滿，至於是否能改變行為或保護大眾則不論；里茲告訴我，這項因素會列入量刑考慮，法官必須思考保護大眾以及「如何彰顯罪行的嚴重性，嚴重性則依照法律明文規定涉及犯罪行為的程度，以及行為造成的結果」。如《英國治安法院量刑指南》（*Magistrates' Court Sentencing Guidelines*）所言：「考慮犯行的嚴重性時，法官必須考量犯罪者犯罪時的有責性，犯行導致的傷害，犯罪者是否故意，或者具有可預見性。」[40]

值得一提的是，在各種懲罰理由中，只有應報與責任有關。即使我們認為沒有人該對犯罪行為負責，保護、威嚇、復歸或向大眾發送信號的懲罰形式，依然會被採用。每一項懲罰形式都是為了達成某項目的的工具。而應報本身需要責任才能合理存在。

把應報從刑事司法圖像中移除，犯罪懲罰固然仍有清楚的存在理由，但也出現強烈的改革主張。「我認為目前的量刑制度無法清楚說明什麼是適當且有效的刑期，」里茲說道。「唯有在能夠充分證明具有保護大眾與／或矯治犯罪的效果時，量刑才具有合理性。今日的量刑制度無法通過這個測試，一個檢驗標準是再犯率。」

40 Sentencing Guidelines Council, *Magistrates' Court Sentencing Guidelines* (2008), p.16.

在英國，每年出獄的犯人有半數一年內會再度犯罪。[41]「如果你採用科學方式或企業模式來看，那是百分之八十的失敗率，你會說這件事不對，不應該做。」我們之所以堅持這種無效率的做法，唯一的解釋是刑事司法政策完全是「政治考量」。

然而，應報性懲罰是否有合理的理由？認為自由意志不存在的人當然會否定應報的正當性。佩爾布姆呼應這個觀點，他表示，「如果強硬派的不相容論為真，那麼犯罪懲罰就無法以應報做為理由。」[42]哈里斯提出唯一可以接受應報的理由，「如果應報可以改善人的行為，那麼虛假的應報形式還是符合道德，甚至必要。」[43]

就算未全然否定自由意志，為了懲罰而以應報做為論據，依然有些薄弱。一旦我們接受運氣（包括基因與環境）在人格塑造上扮演重要的角色，我們就更難認定要人為自己的惡行付出代價是個合理的理由。我在說明賞罰觀念時，已經排除了在行為當時可以做出其他的選擇這個論點，但應報觀念反而建立在更強烈的賞罰觀念上，認為人確實可以做出不同的選擇，因此必須為自己的行為付出代價。

然而，如果你除去應報觀念，懲罰似乎就失去了與責任的連結。我們可以威嚇、復歸、保護民眾與表達社會的不滿，而要達成這些目標，不需要指責我們要懲罰的對象。但是如果我的想法是對的，也就是責任感是需要培養的，這就表示這種

41 再犯率定期公布於 www.gov.uk.。引用數字來自寫作本書時最新公布的數據 www.gov.uk/government/publications/proven-reoffending-statistics-april-2011-march-2012.。

42 John Martin Fischer, Robert Kane, Derk Pereboom and Manuel Vargas, *Four Views on Free Will* (Blackwell, 2007), p.115.

43 Sam Harris, *Free Will* (Free Press, 2012), p.58.

不帶指責的刑事司法體系將會屏除自制中最重要的一項要素。

因此，我認為應報、威嚇、復歸與保護這四種區別需要重新加以檢視。把懲罰的理由分成這四項要素時，有些東西在這個分析過程中遺失了。責任被歸類在最難辯護的要素之下，因此支持與培養個人責任體系的重要性不見了。責任不只是提供威嚇的動機，使人不敢再犯或初犯。責任讓人認識到自己的自制程度，並且思索自身的行動對別人會造成什麼影響。

為了做到這點，我認為至少要保留一點應報的內容。如果你只專注於「你無法做出其他的選擇」或「你不用為自己的行動負最終責任」，你不可能盡力負責。責任應建立在這樣的觀念上：我們同意，即使我們毋須完全為自己的行動負責，但嚴重的惡行仍無可避免要受到懲罰。

即使英國國會向來名聲不佳，但它仍提供了為不完全是自己做的事負責的歷史例子。過去英國的慣例是，當政府部門出現嚴重錯誤或糟糕決策時，在任的大臣必須辭職，即使這不是他個人應負的責任。這種大臣責任（ministerial responsibility）一直維持到一九八〇年代中期。人們原本認為這是個良好且榮譽的傳統，但後來開始有人覺得這種做法有點奇怪，所以如今這個慣例已經改了。大臣只需為自己直接掌控的業務範圍負責。

大臣責任的消除是否代表著一種進步，目前還無從得知。即使形式上舊的體系對責任的要求太多，但整體效果是責任成為判斷的基準，只有在很不尋常的狀況下才會被推翻。這創造出一種負責任的文化。而如今舉證責任已經轉移到那些想要主張大臣能夠直接控制結果的人身上。這看起來較為公平，但也養成規避責任的文化。

同樣地，較自由派傾向的刑事司法思維，幾乎把責任移出了討論。這鼓勵人們思索什麼樣的狀況會造成人們犯罪，而非我們要負起什麼樣的責任。這也反映出整個社會的氛圍開始從負責轉為規避責任。

我們需要把應報的要素重新引入懲罰理由中。事實上，如果我們仔細觀察，可以從看似純粹的工具性理由的裂縫中，找到這項可能。最有效的威嚇方式不是揮舞著棍棒讓人產生恐懼，而是增加人們的道德責任感，使他們不願意做壞事。同樣地，要復歸社會，我們必須學習為自己的行為負起責任。懲罰應該釋放的信號之一，不只是社會痛恨犯罪，也包括社會期待人們成為好的自制者。在每個例子裡，前瞻性責任的基礎只有一個，那就是讓人對自己做過的事負責。要做到這一點，你需要某種應報形式，一種如果做壞事就要付出代價的原則，至於付出代價對你或對社會產生的直接利益，則不在考慮之列。

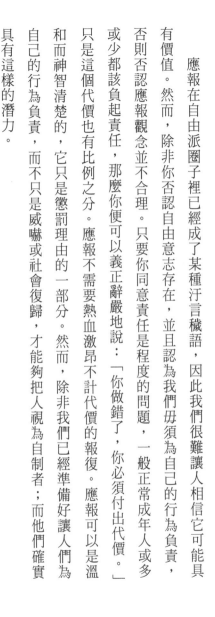

應報在自由派圈子裡已經成了某種汙言穢語，因此我們很難讓人相信它可能具有價值。然而，除非你否認自由意志存在，並且認為我們毋須為自己的行為負責，否則否認應報觀念並不合理。只要你同意責任是程度的問題，一般正常成年人或多或少都該負起責任，那麼你便可以義正辭嚴地說：「你做錯了，你必須付出代價。」只是這個代價也有比例之分。應報不需要熱血激昂不計代價的報復。應報可以是溫和而神智清楚的，它只是懲罰理由的一部分。然而，除非我們已經準備好讓人們為自己的行為負責，而不只是威嚇或社會復歸，才能夠把人視為自制者；而他們確實具有這樣的潛力。

刑事司法體系的目的應該是讓社會成員運用他們反思與自制力，做出好的決定。這表示司法體系應該提供誘因，讓沒有前科的人繼續維持，讓有前科的人停止再犯。有一小群罪犯沒有能力負起責任，把他們視為有能力負責的人來處理是白費工夫。但我們必須相信絕大多數人有能力行使自己的自由，將他們的潛力化為真實。如果我們過度強調「無法做出其他的選擇」的論點，就難以做到這一點。無論如何，我們必須改變自己對這個論點的理解。「可以做出其他的選擇」不是用來判斷選擇當時實際上還可以做什麼。更確切地說，這段話是說明一個人在那種處境下，基於他當時的能力與知識，他可以做出哪些選擇。因此，思考這句話時，真正的重點是「我在未來類似的處境下可以做出其他的選擇」。如此一來，我們可以做出不同行動的重點就從過去移到現在與未來。

我們確實擁有責任體系，不管在社會或神經元的意義上都是如此。如哲學家瓦爾加斯所言：「這可以讓像我們這樣的生物多一點道德思考，並且根據透過道德思考產生的道德理由，適當地管理我們的行為。」[44]當責任體系運作良好時，我們可以管好自己，並且理所當然地要求我們對自己的行為負責。

44 John Martin Fischer, Robert Kane, Derk Pereboom and Manuel Vargas, *Four Views on Free Will* (Blackwell, 2007), p.155.

07 成癮者

若要舉一個喪失自由意志的例子，很多人可能都會說成癮。提到成癮者，我們會聯想到無法掌控自己的意志，特別是碰到令人成癮的東西。成癮者「無法自拔」，他「不由自主」地去做令他成癮的事，而且「無法拒絕」。如果自由意志是選擇採取某個行動的能力，那麼看來成癮者沒有這種能力。

然而，有類似成癮經驗的人都知道，這種說法太過簡化了。成癮會損害自由意志，但不會使人完全喪失自由意志。在此，了解一個人對某件事或某個東西成癮之後會發生什麼事，將有助於了解自由意志的內涵，以及是什麼使自由意志無法充分表達。

他做了那件事

佛格斯是一名DJ，跟許多從事音樂這一行的人一樣，他長期吸食各種藥物。「除了古柯鹼與海洛因，我們也試過其他東西，」他告訴我這些事的時候，最多就喝喝咖啡而已。他已經戒了毒，回顧過去成癮的時光，他說他不是對特定藥物上癮，而是對「這整件事」上癮：整天享樂和吸毒的DJ生活方式。哪一天吸食哪一種藥物不重要，只要有就好，不過大麻是必備的。「我已經到了不得不吸的地步，即使我其實不想吸，它確實阻礙了我的自由，」佛格斯對我說。但這不等於他完全失去了自由意志。幾乎所有的成癮類型都不致影響一個人做決定的能力。以佛格斯來說，顯然「我還能做決定。我努力拿到兩個學位，自己開店，還錄製了兩張唱片，甚至到日本當DJ」。

佛格斯用「阻礙」來形容他的自由，正好呼應了一名患有酒癮的講師彼得的話：「我會說我的自由受到危害，但它並未消失。」後來彼得改用「被削弱」來形容。這兩段話說明了自由意志並非全有或全無，而是程度之別。成癮削弱了我們的自由意志，但並未去除它。

然而，難道成癮的觀念不是說成癮者其實沒有選擇，總是受到外力強迫？不是的。即使一般認為「強迫」（compulsion）是成癮的核心，但強迫一詞並未出現在指標性的精神病診斷手冊裡。美國精神醫學學會最新出版的《精神疾病診斷與統計手冊》（*Diagnostic Statistical Manual of Mental Disorders*），以精神障礙這個類別的光譜取代了前一版的藥物濫用與藥物依賴這兩個類別。這個趨勢反映了自由行動的能力主要是程度的問題。這些判準提到「大量或過度長期服用藥物」、「無法減少或停止用藥」、「花費大量時間取得、使用藥物，再花費大量時間恢復」、「渴求與強烈欲望」，還有耐受性與戒斷症狀，以及各種持續用藥的方式。你不需要符合每一項診斷標準；確切地說，你的癮頭有多重，是以你在這些項目前面打了多少勾來決定。但在這些判準裡，卻沒有強迫這一項。

如果成癮不是一種強迫，那麼它似乎帶有某種選擇的要素。這種說法會讓一些人感到被冒犯與憤怒，覺得這是暗示他們自作自受，以及他們需要做的就是努力擺脫成癮。但其實不然。顯而易見的是，成癮者做出正確選擇的能力受到嚴重損害，對他們來說，要做出正確的決定不是那麼簡單。說那是一個選擇，不表示它是一個容易的選擇。如果你同意自由意志有程度之別，應該就不難認定成癮者是個選擇能力大幅減低的人，而非毫無選擇能力。事實上，如皮卡德主張的，「如果臨床醫生不相信成癮者有選擇的能力與控制行為的能力，他就沒有理由與成癮者一起努力去恢復這樣的能力。事實上，如果連成癮者也認為自己沒有選擇與控制行為的能力，他們就沒有理由試著去改變自己。如果一個人認為自己沒有力量改變，他又怎麼可能有理由下定決心改變自己。」[1]

這種做法似乎與匿名戒酒會的十二步驟恢復計畫有所矛盾。他們的第一個步驟，是要求成癮者接受自己「無力對抗酒精」的事實。然而，即使如此，他們並不像表面看起來那樣完全承認自己無能為力。接下來，他們要成癮者承認，「有一股比我們更高的力量可以讓我們恢復神智清醒。」換言之，他們要求成癮者認識這股外在力量；成癮者並非無能為力，只要他們願意運用這股力量。要做到這一點，他們必須做出選擇：「將自己的意志與人生託付給我們信任的上帝。」[2]

「它感覺像是個選擇，卻是很難不做的選擇，」彼得這麼說。喝酒是個選擇，因為在某些時候，我會基於「有工作要做，或者要趕到某個地方」，所以不喝酒。因此說強迫在他聽來不是那麼順耳。「就哲學的意義來說，我不認為自己被迫喝酒。」更確切地說，「那是非常困難的事，因為我覺得不喝酒不是什麼值得考慮的選擇。」要

1 Hanna Pickard, 'Responsibility without blame: philosophical reflections on clinical practice' in K. W. M. Fulford, M. Davies, R. T. Gipps, G. Graham, J. Sadler, G. Strangellini and T. Thornton (eds), *The Oxford Handbook of Philosophy of Psychiatry* (Oxford University Press, 2013), p.1138.

2 Alcoholics Anonymous, *The Big Book* (4th edn) www.aa.org/pages/en_US/alcoholics-anonymous, p.59.

說有什麼事是逃不掉的，那絕不是喝酒，而是想喝酒。「回想起來，那像是一個永無盡頭的執念，讓人一杯接一杯的喝下去。」然而，無力掌控欲望只是我們所有經驗中的一個極端。我們無法輕易控制我們想要什麼，但我們可以決定是否要依照這些欲望行事。成癮者這方面的能力減弱，但並未完全消失。

如果成癮者確實保有一些選擇的力量，他們為什麼還要繼續做出毀滅性的行為？缺乏同情心的人可能會說，他們若非不想停止，就是努力不夠。我們稍後再討論想要改變的問題。在此要先思考的是，有沒有可能是實踐的問題：成癮者缺乏的其實是意志力。

這種想法的主要問題，在於人們經常假定「意志力」是每個人都具有的能力，只是有些人比其他人意志力更強。意志力心理學的頂尖專家洛伊．鮑邁斯特（Roy Baumeister）表示，這種對「某種力量」的「通俗觀念」，在「內心所扮演的角色，如同推動工業革命的蒸汽力量」。[3] 意志力實際上不是單一的力量，也不是一件事物，它是各種能力的複合體。鮑邁斯特認為，整體而言，意志力是有意識地自我控制的能力。他進一步將意志力區分成四個範疇。首先，意志力是控制思想的能力，舉例來說，避免你心猿意馬或空想。其次，意志力是控制情感的能力，讓你拋開憤

3 Roy F. Baumeister and John Tierney, *Willpower: Rediscovering our Greatest Strength* (Allen Lane, 2012), p.5.

怒，振作精神。第三，意志力是控制衝動的能力，讓你可以抗拒剛烤好的餅乾或拒絕再喝一杯。第四，意志力是控制表現的能力，使你專注於眼前的任務，不分心，也不受壓力干擾。[4]

這些能力背後的「意志力量」並非單一物。有些人的意志力在某些範疇特別強，在其他範疇則很弱。更重要的是，培養意志力不只是努力的問題，例如成癮者就經常被指責不夠努力。培養意志力要知道正確的策略。舉例來說，想更有效地控制情感，必須保持距離看待它，就好像站在遠處看著自己一樣。想更有效地抗拒誘惑，必須對於為什麼做一件事抱持定見。我們也可以運用實驗心理學來了解大腦與身體對意志力的影響，而我們將會發現，血糖濃度比企圖心來得管用。心智運作也會消耗能量，因此我們必須確定不會將自己的認知能量完全耗在某個行為上，特別是當我們知道接下來有另一個更重要的行為必須加以控制。因此，不要同時強迫自己戒菸與上健身房，先做一項，再進行下一項。

儘管指責成癮者不夠努力有點不禮貌，但就某種意義而言，應該說是努力卻不得要領。有許多方法可以讓你更容易脫癮，端賴你願不願意嘗試。但許多人就是不願意，整天與酒友廝混，或者讓自己陷入無法擺脫菸癮的處境。「努力得不夠」是

4 Ibid., pp.36–7.

「不夠努力」的換句話說，但我懷疑一般人在指責時應該不是這個意思。或者說，我們認為人有意志力，端看你願不願意發揮。但自由意志指的是有意識的自我控制的能力；這不表示我們擁有一種名叫「意志」的神祕事物，而且它完全不受束縛。

有一種觀念認為，我們擁有某種叫做意志的東西，它能表現「意欲的行動」或「決心」。令人驚訝的是，這種想法其實相當普遍，好像是思想家系統化地將修辭的比喻曲解成真實存在的事物。哲學家叔本華就寫道：「如果一個人有所意欲，那麼他必定意欲某個事物；他的意志行動總是指向某個對象……」[5] 吉爾伯特·萊爾（Gilbert Ryle）認為這種說法帶有機械式的行為觀點，認為有個內在的靈魂啟動了身體機器的活動。換句話說，意志觸發連鎖反應，最後導致身體運動。但是說我們自願做某件事，其實就是說我們在沒有人強迫的情況下做自己想做的事，而不是說行動是從某個特殊的意志行動開始。事實上，我們很難理解為什麼自願的行動是那樣運作，只消觀察自己的行為，你就會發現我們從未有意識地做出任何「意志行動」來引發我們的身體動作。萊爾表示，這是為什麼當我們提到某個人做了什麼事時，我們會說，「『他做了那件事』，而不是說，『他做了或經歷其他的事之後，才導致那件事』。」[6]

5 Arthur Schopenhauer, 'On the Freedom of the Will' [1839] in *The Two Fundamental Problems of Ethics*, trans. David E. Cartwright and Edward E. Erdmann (Oxford University Press, 2010), p.44.
6 Gilbert Ryle, *The Concept of Mind* (Penguin, 1963), pp.61-80.

為什麼不存在一個可任意行使自身力量的獨立的意志能力？因為歸根究柢，「意欲」（to will）的意思就是「想要」（to want）。你不可能輕易改變想要的東西，或者這一刻想要，下一刻就不想要。同樣地，你也不可能輕易增強或減弱你的意欲。你只能意欲你想要的東西，而你想要的東西可不是輕易就改變。

因此，即使成癮懷疑論者錯以為成癮者不夠努力，但有一件事他們倒是說對了，那就是成癮者對戒除癮頭的欲望不夠強。他們也許堅稱自己真的想戒，但失敗的事實總是暴露出他們的矛盾心態。我們的欲望不一定總是和諧。相反地，它們經常彼此競爭。成癮的例子顯示人的欲望無法形成和諧的整體。一部分的欲望想脫癮，一部分的欲望則想維持。判斷與通盤考量之後的判斷非常不同，後者我們稍後會詳加討論。

人會思考自己如何思考

成癮者為什麼想繼續成癮下去，原因並不難理解：他們樂在其中。佛格斯十三歲開始吸食大麻，「一抽就上癮了」，就這樣持續數年，成了「重度的大麻吸食者」。

他回顧自己的吸毒史，依然表示：「很棒，我們都覺得超嗨的。」

彼得說，人們喝酒的理由「很明顯，可是大家都視而不見」。「隨便找個酒鬼問問：老實說，你為什麼喝酒？他們很可能會回答，『因為我小時候被虐待』，或『因為我很沮喪』。這些故事千篇一律，彷彿在說：『在我喝酒的原因被解決之前，我還要繼續喝下去。』而真正的答案是，『我喝酒是為了開心。』戒酒之所以困難，是因為喝酒令人愉悅。黃湯下肚，其樂無窮。」

彼得與佛格斯是對的，不過當中還有一些複雜的東西。多年來，心理學家相信「想要」與「喜歡」基本上是同一件事，兩者都由大腦的多巴胺系統所控制。一九九八年，肯特・貝里吉（Kent Berridge）與泰瑞・羅賓森（Terry Robinson）發表了一篇史上被引用次數最多的論文。[7]他們在文中主張想要與喜歡完全不同，而且兩者有時會變得不太正常。成癮就是個明顯的例子。成癮物質在不斷刺激欲望迴路的同時，產生的愉悅卻越來越少。如弗雷德里克・托茨（Frederick Toates）所言，這是為什麼「像尼古丁這種藥物產生的欲望無法被追逐欲望所滿足」。[8]

因此並不是每個成癮者都像佛格斯與彼得一樣。有些人無法再從他們成癮的物質中獲得大量愉悅。同理，持續下去的人**不只是**因為享受才這麼做，顯然背後的動

7 K. C. Berridge and T. E. Robinson, 'What is the role of dopamine in reward: hedonic impact, reward learning, or incentive salience?', *Brain Research Reviews*, 28 (3), December 1998, pp.309-69.

8 托茨在這個領域的作品，詳見 *How Sexual Desire Works* (Cambridge University Press, 2014)。

機比這要複雜得多。然而，完全忽視愉悅的角色也有違常理，畢竟成癮者一開始就是為了追求愉悅才受這些東西吸引。

令人費解的是，為什麼成癮者持續耽溺在愉悅中或投降給欲望，因為從旁觀的角度來看，他們付出的代價顯然太高了。這個問題的答案將是理解成癮者的自由意志何以缺損的關鍵。而答案不是來自於成癮者或心理學家，而是來自一位美國的哲學教授。

哈利．法蘭克福是偶然得出這個讓他享譽學界的觀念，而最初他的腦子裡從未想到成癮這件事，自由意志也不在他的興趣。他告訴我，有一天他坐在辦公室裡，「隱約想起十九世紀不知道誰說的一句名言：『人可以做自己想要的事，但無法希望自己想要什麼東西。』我突然覺得這句話是錯的。你當然可以希望自己想要什麼東西。也許你無法說你希望自己想要什麼，但在某些情況下，你想要的確實就是你想要的，而在某些情況下，你想要的就是你希望你不要的。」

這個區別最後被形諸為一階欲望與二階欲望的概念。一階欲望是我們單純產生的簡單欲望：我想要一塊蛋糕，我要那件衣服，我要去沙灘。但我們確確實實也擁有二階欲望，也就是對想要的想要。減肥的人想吃蛋糕，又希望自己別吃；女性希望自己的鼻子小一點，但又希望自己不要那麼在意外貌；你可能希望自己拋開前往海灘的欲望，這樣才能完成你想完成的工作。

法蘭克福強調自己「不是心理學家」，他在簡介其理論的著名論文中表示，「人類遠比我對意志結構的描繪複雜得多。」[9] 他也同意說，如果真的好好看看我們的欲望與想要，了解它們如何運作，會發現它們無法完全含括在這兩種層次。欲望與想要有著更多重的向度：我們有潛意識的欲望、相互衝突的欲望、對信念所抱持的信念。法蘭克福只是提供一種模式，讓我們掌握基本的事實（無論實際的狀況有多複雜），那就是人會思考自己如何思考，會對欲望產生欲望等等。

例如其中一個複雜之處，就是人的「欲望變化無常。在某個時刻想要的東西，不盡然是過一陣子之後想要的東西，但他們可能沒察覺到這一點。之前他們可能認為自己想要的是自己真的想要的東西，但現在他們卻不想要了，可是他們沒察覺到自己已經不想要這些東西。因此，一階、二階與高階欲望之間的界線模糊，因為我們連一階或二階欲望是什麼都搞不清楚。」

舉例來說，佛格斯告訴我，當他發現父親只剩兩個月的壽命時，「我記得當時我心裡想，『該死，接下來幾個月我一定要保持腦袋清醒，打起精神來才行。』結果我

9 Harry Frankfurt, 'Freedom of the will and the concept of a person' in *The Importance of What We Care About* (Cambridge University Press, 1998), p.21.

還是那副死樣子。」他繼續吸毒。他戒毒的欲望看起來強烈，但實際上並非如此。

欲望的強度、本質，以及欲望之間的關係非常複雜。法蘭克福提出的中心論點是，擁有自由意志不外乎讓你的一階與二階欲望能保持和諧，以及讓你能控制它們。「真正要緊的是，你是否擁有你想要的意志，你是不是你想成為的人，你是否做著你希望做的事，而這樣的希望是不是你樂見的。這是一個沒有內在衝突的自我；一種和諧的自我組織，在我所謂的一階與二階或高階欲望之間毫無衝突。」

在這個定義下，你是否最終無法做出其他選擇，或者你是否不是自身欲望的最終起源者，都已經不重要。「你為什麼想要某個東西，以及你為什麼想要去想要某個東西，兩者並無太大差異。如果你真的想要什麼，如果這個欲望正是你想要的，那麼所有這些就是可以預期的，這些就是你可以用來評估一個人是否該為他的行為負責的準據。如果他全心全意想要，那麼他就應該負責。」

我們的欲望如何產生，也是個問題。舉例來說，如果你發現自己之所以想去澳洲觀光，是因為澳洲觀光局的一個祕密單位用祕密的方式將你徹底洗腦，難道這也沒有關係嗎？

話雖如此，但欲望如何產生也許不如我們想的那麼重要。我想起保羅．費爾胡芬（Paul Verhoeven）的電影《魔鬼總動員》（*Total Recall*），這部電影改編自菲利普・狄克（Philip K. Dick）的短篇小說〈我們能幫您創造記憶，大特賣〉（We Can Remember It For You Wholesale）。在電影中，主角奎德發現自己並非自己所想的是一名建築工人。他其實是一名祕密探員，他的心智已經被當局重新編碼，因此可以從事危險任務。他的身分完全是虛構的。當奎德發現這一切時，內心大受打擊。此時奎德與觀眾都感到疑惑，到底誰才是真正的奎德。就跟法蘭克福的說法一樣，奎德開始反省他獲得新身分後的價值觀，他決定支持這個價值觀。雖然他的信念與價值完全是外來的（他人基於一己之利進行操縱而造成的混亂結果），但他決定把這些當成自己的信念與價值。從那時起，他基於自己的自由意志，與叛軍站在同一陣線。

雖然這部電影是虛構的，但在心理學上完全合理。就像其他傑出的科幻小說一樣，這部電影就某種意義來說完全反映了一般大眾的狀況，只是加以誇大。每個人在人生某個階段，都會感覺到自己的人格與價值並非完全由自己所塑造。跟奎德一樣，我們都是非我們創造的過去的產物。儘管如此，我們還是可以活得像自由的行動者，只要我們想要我們的想要，珍視我們的價值，做我們想要去做的事。

而這也強化了我為真實自由所做的辯護：你不需要為自己最初產生欲望的意志

負最終責任。法蘭克福對此也做了正面的推論：如果你擁有你想要的意志，那麼你是自由的，沒有必要為如何產生這種意志負責，從而也不用為自己依照意志行動造成的結果負責。

法蘭克福在其他文章裡提出更多相關證明，只不過這些論述不全然與自由意志或責任有關。他在談到關切時說道，「當一個人關切某件事時，他會甘願順從他的欲望，並且將自己等同於欲望。」這是二階與一階欲望合作無間的一個例證，至於關切最初從何而來則在所不論。此外，他也談到愛，顯然不會有人認為當你說自由去愛的時候，你必須為開始去愛某件事負責。就某個強烈的意義來說，我們未曾選擇我們愛的人，不表示我們未曾自由去愛。自由去愛指的是支持這份愛並且去實踐它，因為你想這麼做，而不是你覺得自己應該這麼做。

故態復萌也是一種選擇

當我問法蘭克福知不知道他討論愛的文章意外地使他早先的自由意志的論點更具說服力時，他回答說：「說真的，我之前從沒想到這一點。現在我想了五秒鐘，認為你也許是對的。」這種神祕的創造力算是另一個例證：我們自由想到的觀點，甚至連我們自己都會感到吃驚。

這些說法進一步支持我們先前曾經提過的一個觀念：強迫其實是自由的一部分，而非自由的絆腳石。法蘭克福藉由十七世紀荷蘭哲學家斯賓諾莎，提供了一條進入這個概念的有趣路徑。斯賓諾莎因為提出了決定論而聞名於世，他主張一切事物的發生都是必然的。他的決定論的獨特之處，在於他的「上帝或即自然」的觀念，在他眼裡，兩者是同義詞。斯賓諾莎的上帝既是完全自由，又是完全必然。這是怎麼辦到的？

首先，上帝體現出一種必然性，這並不是什麼奇怪的觀點。證明上帝存在的存有學論證，在基督教與伊斯蘭教神學中一再出現，它們假設上帝是必然的存有，一種必須存在的存有。此外，由於上帝全知而博愛，因此就某種意義來說，上帝必然凡事都能做到最好。這是為什麼皮耶．貝爾（Pierre Bayle）在《歷史與批判辭典》（*Dictionnaire historique et critique*）中主張，上帝創造世界是出於自身本質的必然，而不是自由意志的行動。然而，在當時這種說法是異端，而他也因為自己的學說而被稱為無神論者。

因此，上帝的自由不是做出不同選擇的自由。上帝不可能降下汝應殺人的誡命，因為這有違祂的本質。上帝的自由毋寧說是依照祂的本質行動的自由，而祂有無限的力量可以實行。「上帝不是基於意志自由而行動，」斯賓諾莎寫道。「上帝不可能以違背自身本質的方式或命令來創造事物。」[10]這不是否定自由，而是肯定自由最純粹的本質。「能稱得上自由的事物只源自於本質的必然，而且只由自身的行動來決定。」[11]

因此，自由可以理解成完全遵循自己的真實本質生活與行動的能力，缺乏自由則是不遵循自己真實本質的結果。法蘭克福解釋說，這是為什麼「哲學與神學一直有順從上帝意志才是真正自由的傳統，而那不只是真正的自由，還是最高層次的自由、最完整的自由」。「順從」（submission）聽起來不像自由，但這個觀念認為，唯有順從上帝，我們才能了解我們身為上帝創造物的完整本質。

如果這個例子對不可知論者與非信仰者來說有神論的氣息太濃，那麼還有其他例子可以說明自由似乎需要必然性。「我認為有些日常熟悉的例子，可以顯示必然性與自由的觀念，」法蘭克福說道，「當你看見或理解了一項證明，你發現結論必然從前提推導出來。你會感覺得到解放。你會覺得自己掙脫了懷疑；必然性使你擺脫了

10 Benedict Spinoza, *Ethics* [1677], Part I, prop.33 (Hackett, 1982), p.54.
11 Ibid., Part I, def. 7, p.31.

模稜兩可的重擔。現在你知道自己真正的想法，你也對自己的想法有絕對的自信。」

如同歐威爾《一九八四》所言：「所謂自由是指能說二加二等於四的自由。」這個例子乍聽之下有點奇怪，因為二加二等於四是顯而易見的真理。然而，可以隨意表達虛偽內容的自由不是真正的自由。自由需要具備理解真實以及願意順從真實的能力。就這層意義來說，哲學是自由地追求不自由。我們不是創造而是發掘、發現真理是什麼。當論點正確時，我們別無選擇，只有同意的份。好的論點我們必須接受，而非選擇要不要支持。雖然我們可以自由地探討哲學，但我們尋找的卻是讓我們不得不接受的論點。更廣泛地說，我們經常感到自己擁有的自由十分微小，我們很難自由控制自己的行動，特別是當我們難以確定何者是正確的決定，而且又沒有任何事物逼迫我們做出任何決定時，選擇尤其困難。

就連在沒有嚴格必然性之下，許多我們最珍視的事物也是屬於那種順從某種超越我們意志控制且不受我們欲望影響的事物，例如理性與愛。人們覺得是自由源頭的事物，都與順從有關。

就某方面來說，這與我們一般對自由意志的看法背道而馳。「有時人們談到自由意志時，腦子裡想的是跳脫必然性，認為不管過去發生什麼事，不管受到什麼樣的限制，我都可以做出改變，」法蘭克福說道。「我擁有自由意志，我可以做點不同的事，我可以表現我的意志。」前面已經提過，這種想法並不合理。不過還有另一種「想法與自由意志息息相關」，那就是：「擁有我想擁有的意志，成為我想成為的人。雖然我不見得是自己的最終根源，我不是我的本性或意志或欲望的第一因，但沒有關係，只要那是我的本性、意志與欲望，只要我能為它們負責。我認為的責任並不是因果關係的責任，而是只要我認同那些情感，視之為我的情感，我就會為它們負責。」

在某些狀況下，不是自身信念與價值的起源者，反而讓這些信念與價值更有力量。回想一下政治異議人士如何投身自己的價值或人們如何為宗教犧牲，驅使他們的不是那些偶然選擇的事物，而是加諸在他們身上的事物。法蘭克福同意並且說道，「發生在他們身上的事不是剛好就發生在他們身上；那些事與他們的本質契合，彼此成為一個整體。」

法蘭克福的模式完美捕捉到成癮者的困境。他認為，由於自身欲望的衝突、想要的東西之間的衝突，以及這些欲望與反思後的欲望之間的拉扯，使得成癮者的自由意志受到損害。這顯然與我描述的成癮者經驗吻合。

「非常、非常緩慢地，經過數年的時間，不明白是什麼原因，我因為欲望的功能失靈而開始出現酗酒的傾向，」彼得說道。這倒不是說他的酗酒一開始並非基於自由選擇。「奇怪的是，我這麼做並不違背我的本意。我酗酒是因為我喜歡喝酒，到最後變成不喝會很不舒服。」當喝酒開始造成問題時，他的一階與二階欲望也開始出現衝突。「當然，如果有一種藥丸可以讓我喝酒不過量，讓我飄飄然又不致影響人際關係，那我一定馬上吞一顆。」

事情演變至此，彼得說道：「我知道自己的欲望失調，而且一塌糊塗，我真希望自己沒有這些欲望。我的二階欲望非常厭惡這些欲望，但我想我的二階欲望不足以壓制這些不好的欲望。雖然我心裡不願意，卻還是選擇沉溺於酒癮。我知道我的行為完全跟我的價值背道而馳，例如經營事業、發展一段關係、對社會有所貢獻。」而這些欲望與其他更直接而強大的欲望競爭著。「那種讓人念念不忘的陶醉感，實在舒服極了。喝酒是非常愉快的事。如果你跟我一樣遇過許多酒鬼，他們大概都會說喝酒是一場惡夢。才怪，喝酒以後心情超爽的。」

佛格斯也注意到自己的欲望不協調。「為什麼會成問題，是因為我發覺自己已經上癮，生活偏離了常軌。」

對彼得與佛格斯來說，能夠戒癮是因為拉近了欲望與欲望的差距，儘管無法完全密合。這需要通盤考量之後做出判斷，就算無法得到一階與二階欲望的支持，至少要做到讓欲望停戰。如佛格斯所言，你必須明白「你不想要的想要」，但「在此之前，會有一段徬徨期」，表示你還無法下決心真的脫癮。

雖然對佛格斯來說，「隨著時間流逝，通盤考量後的判斷開始傾向脫癮」，但為什麼最終會如此？對他和彼得來說，改變又是如何發生的？是什麼讓欲望變得和諧？

答案似乎跟意志力毫無關係。「很奇怪的是，我想了好幾年要『如何戒毒』，只是試著跟它對抗似乎沒什麼用，」佛格斯說道。「後來我的心裡起了一些變化，結果不費工夫就把毒給戒了。」不管什麼原因，動機似乎起了變化。舉例來說，佛格斯曾經戒了幾次毒，每次「都不需要努力，不需要意志力。突然間我的腦子說：你該戒毒了」。

同樣地，彼得發現隨著自己的酒癮越來越重，「確實有時候，特別是在喝酒之後，我會強烈感受到自己想要的欲望與實際的欲望有很大的落差。在此同時，我明白光憑這樣的想法不足以去除欲望；相反地，滿足欲望讓我感覺很好。」為了停止把欲望化為行動，心態上必須有所轉變，而這種轉變「來自於強烈體認到自己必須為這個糟糕的局面負責，你其實有能力戒酒，每個人都做得到。我知道有人靠自己成功戒了酒。他們想著，『我要為此負責，我有道德上的責任，我不是疾病的受害者。往好處想，我可以做出改變。』」

這跟「認識自主性」有關，彼得說道。「事實是，你必須決定要改變，還是找死。你必須認識自己內心的成癮思維，才能做出決定。一旦你真的有所認識，你會說，我淪落到這步田地完全是因為自己做了錯誤的選擇；但我現在可以做出正確的選擇。」

諷刺的是，我們無法就這樣選擇認識自己的自主程度。我們無法在自己做選擇的時候，自由地辨識出自己的自由程度。我們實際上需要仰賴他人與社會，才能實現我們的自由意志，因為就某種意義來說，我們必須察覺到我們可以發展我們的自主性來實現我們的自由。如法蘭克福所言：「環境扮演著重要的角色，不只是社會環境，還有自然環境。」

不難找到例子來說明，我們需要他人讓我們了解自己實際上有多自由。以人們覺得自己陷入一段凌虐的關係為例。外人感到不解的是：他們為什麼不乾脆離開？

但我們從雙胞胎安與茱蒂的例子可以看出，對置身事內的人來說，事情沒有那麼簡單。她們覺得無能為力，對一切錯誤又抱持著扭曲的責任感，使她們無法看清楚自己的力量。當其他人點醒這一點時，事情就會迅速改變。安很快逃離受虐的婚姻關係，因為她的社交網絡讓她看到逃離的可能性；反觀茱蒂的環境卻加強她的無力感，就連她母親也說這是她自己選擇的婚姻，再怎麼苦也要忍下去。若自己不振作起來，就不可能獲得更大的力量，不過有時透過外力，也能夠讓人發現自己內在的潛力。我們被枷鎖束縛，有時只是因為我們以為它牢不可破。

在其他情況下，政治與社會結構會使人看不到自己的潛力。例如，如果一個社會規定女性不能成為數學家或首相，則女性很可能不知道自己有能力勝任這些角色。先前希帝奇跟我們討論政治自由時，就提到了這一點。

由於我們必須察覺自己的力量才有可能做出改變，因此彼得對於匿名戒酒會總是興趣缺缺。那種團體主張戒酒的一步，是承認自己沒有力量，需要依賴某種「更高的力量」。

「如果你接受這種計畫，它會告訴你，你沒有力量，你無法靠自己實現。一旦告訴人們他們沒有力量，他們便有了不發揮自己力量的藉口。我們是自主的，或者說，如果我們了解自己能夠如此，那麼我們就能夠如此。喝酒是一種選擇；故態復萌也是一種選擇。」

同樣地，彼得認為把酒癮當成疾病，會強化人們的無力感。「說酒癮是一種病的人，很多就會認為他們無能為力。」

法蘭克福式的案例

在結束本章之前，值得花一點時間為法蘭克福的思想生平做個有趣的結尾。法蘭克福最初討論自由意志的著名論作，是以思想實驗來證明，人無法做出其他的選擇，不必然表示缺乏自由意志。從這篇論文發展出不同版本的研究，這些研究統稱為「法蘭克福式的案例」。關鍵論點在於，某個人能夠介入並且讓你以某種方式行動，並不表示他們要你做什麼，你就會做什麼。在這種狀況下，雖然你在行為當時無法做出其他的選擇，但事實上你的行動是基於你的自由意志。

舉一個典型的例子：有一個人不確定該投票給共和黨還是民主黨。哲學虛構中常見一個惡名昭彰的人物，邪惡的天才，他想確保這個人一定會投票給民主黨，於是他把無線控制裝置植入這個投票人的腦子裡，而投票人對此一無所知。邪惡天才可以控制神經元的觸發，讓這個人投給民主黨；不過唯有當他看到這個人要投給共和黨時，他才會這麼做。結果投票時，這個人二話不說直接投給民主黨，於是邪惡天才按兵不動。在這種狀況下，顯然投票人做了自由的選擇。然而，我們也清楚看到，投票人無法做出其他的選擇：只要他想做出不同的選擇，邪惡天才就會介入，改變他的決定。由此可以看出，自由行動不以行為時可以做出不同選擇為前提。自由行動的要求只有一項，你必須依照你的意願行動，不受壓迫或外在的操縱。

其實我不認為這種思想實驗是法蘭克福的論點核心，我在本書提出他的核心主張時，完全不需要援引這種思想實驗做為論據。但哲學界已經發展出一套模式，許多學者修正或發展法蘭克福式的案例，以攻擊或捍衛他的論點。法蘭克福曾對同事費雪說，這些例子的設計越來越精巧，「純屬年輕人的運動」。[12]我問法蘭克福，這種實驗是否淪為一種遊戲，原本討論的重點已經消失？

法蘭克福確實對於「分析哲學發展成鑽研艱澀邏輯與分析的遊戲感到遺憾」，但他不想對此多做批評，「因為我自己就是分析哲學家，我接受這種訓練，而我也相信它。所以我不認為針對標準議題與討論設計適當的反例是浪費時間；我也不認為批

12 John Martin Fischer, Robert Kane, Derk Pereboom and Manuel Vargas, *Four Views on Free Will* (Blackwell, 2007), p.189.

評這些說法是白費工夫。但是我確實感覺到，有時遊戲與玩家漸行漸遠，玩家會忘了如何記分，或忘了遊戲的宗旨。我想我確實認為，在我們討論的這場爭議中，許多人忽略了我提出的核心觀念，而正是這個核心觀念讓我提出了反例，也引領我尋求說明的例證。是的，我確實認為這個遊戲已經擁有自己的生命，因此遊戲的獎品反而沒人在意了。」

我提及這件事，是因為我認為這反映了研究自由意志的實際狀況。論辯開始有了自己的生命，而論證成了立場之爭，與議題的真正核心無關。要清楚探討自由意志，必須留意學者在這方面的貢獻，但也不能忽略主角，我們必須記住真正的目標是什麼。因此本書並未一一介紹當代的哲學論辯。哲學家面對自由意志的討論，固然想貢獻己見，但他們關注的卻不一定是自由意志真正重要的內涵。

我跟彼得見面時，他剛好戒酒滿十個月，他承認自己無法發誓絕不會破戒。我問他現在是否覺得比較自由，他回答說：「是的，身為一個人，確實是如此。過去很長一段時間，我就算沒有完全喝醉，也跟喝醉沒什麼兩樣。我的日常生活還算正常，但也不太對勁。我沒辦法做事，至少無法依照我希望的自由去做。我覺得現在自由多了，我可以做我喜歡做的事。只要能堅持下去，就表示我已經克服了很大的阻礙。」

佛格斯已經戒毒多年，他表示他把成癮的傾向轉移到其他較具建設性的活動，例如攻讀博士。對佛格斯與彼得來說，有能力實行自由意志，不表示能讓內心的各種欲望和諧共存；對我們也是如此。衝突依然存在，卻獲得了控制，不會在日常生活中造成拉鋸。差別不在於具毀滅性的欲望已經消失，而是他們不需要去滿足這些欲望，而且其他欲望在心裡取得更重要的地位。雖然不一定能讓他們完全自由，但至少比過去自由多了。如法蘭克福所言，而他的話重申了我的論點：「重點不在於我們自由或不自由，而是我們獲得了某種程度的自由。或許我們永遠都無法完全自由，無法獲得完整的自由，但自由是程度的問題。」

佛格斯與彼得這類成癮者的經驗，與我們並非毫無關係，因為我們經常感受到難以控制自己的某些部分與欲望。為了加強我們的自制力，我們必須留意生物學與環境對自制力的負面影響。我們不能只仰賴意志力（無論如何，意志力只不過是個虛構之物），我們還需要策略，確保控制力能在需要的地方派上用場。這些策略包括心靈的紀律，也包括組織環境，確保環境能支持我們對欲望進行通盤的考量。打個比方來說，就像「尤利西斯的伎倆」（Ulysses Trick），我們把自己綁在桅杆上以避免受到誘惑，因為我們知道自己一定抵擋不住吸引，得借助其他的手段。所以，有賭癮的人可以選擇住在立法禁止賭博的地方；購物狂可以把信用卡交給值得信賴的人保管。

與恐懼症一樣，成癮顯示了自由可以被削弱到幾乎看不見。但這麼嚴重的狀況相當罕見。從另一個角度來看，我們已經了解自由不是一種單純的能力，它需要我們努力去實踐，也需要我們的保護與培養。

第五部

掙得自由

當我們懷抱勇氣或適應或同情，走上這條生命小徑時，我們很可能無法做出什麼影響，但我們確實可以做出獨特的表態。——John Martin Fischer

08 哲學家

自由意志的論辯在哲學裡有著淵遠的歷史，至今仍被許多人視為棘手的問題。在這種狀況下，我怎麼敢主張我們已經了解自由意志是什麼，以及為什麼自由意志是真實的？

許多埋首鑽研自由意志的人，會在某一刻突然從書桌前起身，深信自己已經揭露了自由意志。然而，論戰仍陰魂不散。斯卓森嘗試解決自由意志的一些問題，但他睿智地預見論辯遲早會捲土重來。「這篇論述用意是為了和解，」他在一九六二年的經典論文〈自由與憎惡〉（Freedom and Resentment）中，開門見山地表示，「我想每個人一定都會覺得，又是一篇堅持錯誤見解的文章。」[1]

斯卓森說得對，但說自由意志已經被充分理解，我們因此能繞過它繼續前進，

1 P.F. Strawson, 'Freedom and Resentment' in Derk Pereboom (ed.), *Free Will* (Hackett, 2009), p.149.

顯然不是什麼驚世駭俗的說法。我在導論說過，本書的重點不是我發現了什麼失落的事實或論點，從而推翻整個論戰。相反地，我所蒐集到的每一塊拼圖，全都出自前人之手。

當某個議題出現許多不同的聲音，我們必須解釋為什麼這場論辯一直無法結束，儘管我認為，至少就實質的意義來說，已足以達成令人滿意的結論。這個解釋的重要性不僅只於自由意志的議題，實際上還涉及了研究哲學的整個做法，包括它的侷限以及主要缺失。哲學也許可以提供我們了解自由意志所需的工具，但它有時也會揚起沙塵，讓我們彷若霧裡看花。

障礙之一，就是我們很難動搖把自由意志當成一個東西，以及認為自由意志不是全有就是全無的信念。如果實際狀況比這還複雜（事實上也確實如此），那麼問說：「我們有自由意志嗎？」並期待一個肯定或否定的答案，勢必都無法有定論。回答「有」的人跟回答「沒有」的人，說的其實不是同一件事。

哲學家在面對這個弱點時有一套專業說詞。一個用來描述哲學事業的標準說法是，哲學的目標是清除「難題」（aporias），而這個難題就是尼可拉斯·雷謝（Nicholas Rescher）說的，在一組主張中，「個別看起來合理，整體看起來卻不一致。」[2]以道德的兩難為例，公平對待每一個人，以及對自己的家人偏心，兩者似乎都是對的。意識的問題也是一例，我們必須把人視為由物質組成的生物，但意識似乎不是物質組成的。哲學的目標是面對這些矛盾，以前後一貫的論述取代這些矛盾，公平地對待相衝突的經驗事實，而且要言之成理。

自由意志的論辯也可以被視為是一個**難題**，裡頭充滿個別看起來合理，整體看來不一致的信念，例如沒有任何事物是自己的因，以及我們確實在某種意義上導致了自己的行動；我們要為自己的行為負責，但不必為自己是誰與自己做的事負最終責任。問題是，當哲學家想解決這些難題時，總是傾向提出單一的論述。這看來是最純粹的做法，可以釐清混亂的概念。然而，理出一致的圖像並非唯一做法。我們還有其他的選擇，那就是不要強行拉近衝突的觀念，而是更細緻地予以區隔。

以食物來比喻：一個盤子裡放了烤牛肉、清蒸胡蘿蔔、煎蘑菇與燉甘藍菜。想像有人對西式料理不太熟悉，看到同一個盤子上放著以烤、蒸、煎、燉四種方式烹調的菜色，忍不住困惑起來。進一步了解之後，我們發現這是個有趣的誤會。其實沒有什麼好矛盾的，這道菜有四樣食材，每樣材料都用不同的方式烹煮後，再擺到一個盤子上。同樣地，有人搞不懂為什麼有的基督徒認為牧師可以結婚，有的認為

2 Nicholas Rescher, *Philosophical Reasoning* (Wiley-Blackwell, 2001), p.93.

不能結婚，一旦他知道基督徒也有不同教派，心中疑惑便迎刃而解。

自由意志是一種裁量的能力

對自由意志的信念，本質上是相同的。我們之所以感到困惑，是因為我們的選擇似乎可以自己決定，也似乎無法自己決定；我們可以做出其他的選擇，但也可能無法做出其他的選擇。如果我們努力想證明其中一項為真，就會陷入矛盾與混淆。然而，如果我們把討論的內容清楚細分成幾項元素，就可以看出自由意志就像那道名為烤牛肉，其實含有各種烹調手法的菜，一點也不矛盾。

自由意志並非擁有矛盾性質的單一物，它可以是多種事物，或者擁有不同的形式，每個形式各具性質。我們必須理解自由意志是由多種事物組成，這些事物基於歷史而緊密結合。如果我們解開了這些事物，就會發現自由意志不是矛盾的單一物，而是由各種事物連貫地組合起來。

哲學家艾爾．梅勒（Al Mele）支持這種廣義地理解自由意志的方式。他獲得坦伯頓基金會（Templeton Foundation）數百萬美元的補助，進行自由意志的研究計畫，吸引了不少媒體關注。「人們問我，『自由意志存在嗎？』我馬上反問，你說的自由意志是什麼？」梅勒對我說。「如果他們問我，你說的自由意志重要嗎？嗯，我沒有說什麼東西是自由意志，因為我對這個問題沒設限，開放不同的選擇。」

梅勒認為對自由意志的各種理解都是可信的，「也許沒有事實供我們決定哪個比較好或比較正確。」但哲學家的工作就是「展示清楚的概念」，然後，「如果我們對科學有興趣，那麼就看我們能用什麼方法找到證據，證明自由意志存在。」但是如果有人說，「那個定義並未完全掌握到自由意志」，則我們沒有辦法確定這個說法的對錯。我們只能保持彈性。無論你是不是想把它稱為自由意志，「都能夠發現有趣的事物，而我們想知道的是，我們到底有沒有自由意志。」

哲學見解的不同，至少有部分在於用語的意義。休謨認為，論辯持續不休，證明了參與者抱持著不同的目的發言。「光從狀況來判斷，長時間的爭論一直無法得出結果，可以推測一定是表達上有什麼模糊之處，爭論者在爭論時會在用語上添加不同的觀念。」[3]

這是否表示，論辯到了最後都會淪為口舌之爭？它是否只「取決於你說的自由意志是什麼意思？」，或者就像蛋頭人（Humpty Dumpty）一樣，你說它是什麼意思

3 David Hume, *An Enquiry Concerning Human Understanding* [1748], §8 in Derk Pereboom (ed.), Free Will (Hackett, 2009), p.87.

就是什麼意思？不盡然如此。要選擇某個事物的描述方式時，眼前的選擇在客觀上並無對錯之分，在這種狀況下，如何判定好壞就成了價值取捨的問題。我們不再問什麼是真、什麼是假，而是什麼影響最大。因此，我們可以用不同的方式來思考自由意志。一旦我們釐清每個思考方式引發的結果，我們就必須決定，哪一個思考方式（如果有的話）捕捉到人類自由的價值或應有的價值。此外，我們還要決定我們擁有的自由，是否能夠貼上「自由意志」的標籤。

我的判斷是，我們擁有的真正的自由，可以當之無愧地稱為自由意志。主張自由意志是幻覺的人，過度誇大了他們的例子。然而，從古希臘的思想可知，就算沒有現代的自由意志概念，我們還是能擁有健全的自由與責任觀念。這使得自由意志成為很不尋常的觀念。主張自由意志存在的說法，我稱之為「裁量的真理」（discretionary truth）。一般認為真理具有二價性質，意思是說陳述不為真就為偽。從這裡可以推導出，如果你不認為某事為偽，那麼除非你不知道該怎麼思考，否則就表示你認為它為真。不過我認為還有另一種陳述，雖然不能說它為偽，但我們還是可以不主張它為真。

「恐怖主義」的概念或許可以做為例證。有些人認為恐怖主義是個空的概念，毋須加以討論。我覺得這麼說太激進了，況且這個詞確實有其意義。儘管如此，恐怖主義的確是個有爭議的詞，而且我們完全有可能從加害者的目標、方法、正當性等等來描述暴力行為的各種樣態，而不提及恐怖主義。你可以爭論轟炸軍事目標導致平民傷亡與自殺炸彈的比較道德問題，而完全不提及「恐怖分子」，也毋須判斷「恐怖主義」是不是錯的。因此，「X是個恐怖主義行動或團體」是裁量的真理：你不需要主張它，而且某方面來說最好避免使用它，但又沒有嚴重到可以說它不真理。

舉個比較輕鬆的例子，例如主張「藍莓是超級水果」。「超級水果」一詞不是特別精準的用詞，許多營養學家認為最好避免使用。儘管如此，超級水果不是毫無意義。超級水果是含有超高濃度重要營養的水果，而且事實上真的有這種水果。同理，雖然我們不需要這個詞，而且某方面來說沒有這個詞可能比較好，但說藍莓不是超級水果卻不是真的。

從這些例子可以看出，裁量的真理與裁量的概念有關：這種概念具有某種意義，但我們不需要這種概念也能理解世界。自由意志就是這樣的概念。「我們沒有自由意志」這種說法並不真實，因為我們確實擁有至少一種有意義的自由意志。然而，這不是說我們需要自由意志的概念，甚或說自由意志很有用。有人認為自由意志太過含糊，而且有太多誤導的空間，這句話說得頗有道理。但他們不會因此說自由意志不存在。

有時候我覺得自己很喜歡這種觀點。無論相容論者如何堅持自由意志不需要魔法、不動的推動者或無因之因，還是會有人認為自由意志需要這些東西。因此，比較好的方式應該是停止使用這個詞。但平心而論，我認為這種做法沒必要也無濟於事。停止談論自由意志，不可避免會產生否定自由意志的風險。不僅如此，人類的行動不受限制的觀念已深植人心，因此光靠廢除自由意志一詞就要擺脫自由意志，是不可能的。因此，沒有捷徑可走。通往前方最好的道路，是繼續主張我們擁有自由意志，但這樣的自由意志並非許多人（或許是絕大多數的人）所想的那樣。由於自由意志屬於裁量的真理，所以有些人會繼續行使他們的裁量能力，拒絕支持這個概念。

知識是合理化的真實信念

哲學之所以難以化解自由意志的論辯，還有第二個理由。這顯示在許多哲學家不太情願支持自由意志與道德責任並非全有或全無的觀念上。索默斯表示，「要在哲學文獻中找到關於道德責任程度的討論，實在是意想不到的困難。」就連我也同意他所說的，道德責任的理論少了這種觀念是個「重大瑕疵」。然而，真正的缺陷可能深藏在哲學方法中。

索默斯認為，哲學家對責任程度的思考不足，可能是因為哲學理論「向來是從必要與充分條件的角度思考」。[4] 必要與充分條件的思考取向，尋求清楚的判準以決定概念是否適用。舉例來說，我們問知識是什麼？一般的定義是，想知道某個事物，你必須：一、相信該事物為真；二、該事物必須實際為真；三、你必須有合理理由相信該事物為真。這些條件缺一即不足以構成知識。好比說，你也許因為某個合理的理由而相信某件事，但這樣不行。三個條件每一個都是必要的，就像三重奏，少了一部分就不構成知識。三個條件齊備，就是知識必要與充分的條件。

許多哲學家不認為這種對知識的描述能產生什麼作用，儘管如此，他們還是認同詳述知識必要與充分的條件所要達成的目標。然而，這種思考取向反對以「或多或少」的角度來看待事物，並且採取「不是什麼，就是什麼」的進路，誤解了概念的運作方式與意義。事實上，沒有人能透過內化一套判準，例如一張必要與充分條

4 Tamler Sommers, *Relative Justice* (Princeton, University Press, 2012), p.72.

件的清單，找到概念的意義與適用方式。維根斯坦曾經提出一個著名且具說服力的說法，他認為一個字的意義是由用法決定，而非由形式規則決定。事實上，真正的原因是我們不需要形式規則就能正確使用一個字，但哲學家卻要花上數千年來定義它們。而就在哲學家陷入苦思的同時，一般人卻談天說笑毫不以為苦。

因此，理解意義指的是**知道如何**（knowing how），而不是**知道是何**（knowing that）。所謂測試理解能力，是你能不能正確使用那個字，而不是清楚定義那個字。日常的經驗支持這個說法。我們經常覺得定義一個字很困難，卻能正確地使用它。定義在確定精確的用法與教導意義時十分有用；但定義只能描述字詞，無法構成字詞的本質。

維根斯坦的扶手椅觀念似乎與艾麗諾・洛許（Eleanor Rosch）發展的經驗原型理論（Prototype Theory）有許多共同點。[5] 洛許的基本觀念是，絕大多數字詞的意義，都有所謂的放射狀結構。把字義想像成一個邊緣模糊的圓，在圓的中心是字詞所適用的最清楚的原型事物、行動或性質。我們會把這些東西寫在抽認卡上，用來教導孩子認識新字：紅冬冬的蘋果、擁有象牙與粗大象鼻的大象，以及有著巨大風帆的帆船。我們是透過學習字詞的原型來學會字義。但隨著你逐漸遠離輪廓分明

5 例見 E. H. Rosch (1973), 'Natural categories', *Cognitive Psychology*, 4 (3), pp.328–50。

的適用範圍，事物變得越來越模糊，直到某個點，你會開始不確定字詞是否適用。這就像色彩光譜。首先是明確的黃色，但隨著你往長波長或短波長移動，你會發現雖然仍是黃色，但色彩變得越來越模糊。隨著波長繼續延伸，我們來到橙色，但在橙色與黃色之間，你無法確定那是什麼顏色。基本的概念可以適用在其他許多概念上。最舒適的座椅符合「椅子」或「沙發」的原型，但寬闊的座位算不算是狹長的沙發可就沒那麼清楚了。更重要的是，在這類例子裡沒有所謂真偽的問題，因為沒有必要與充分的條件來決定每個字的正確使用方式。

這聽起來很直接，甚至是明顯，但適用在哲學論述裡可就有潛在的危險。例如，丘奇蘭德告訴我，在一場於慕尼黑舉辦的會議中，大家討論如何定義解釋的概念。「我的看法是，我們這裡有科學哲學家，他們貢獻畢生精力試圖精確定義什麼叫解釋，但我要說的是：例如像『山』這個東西，精確定義它根本沒有意義，只會引發爭論且毫無成果。我們為什麼不說，解釋自然現象時應該把自然現象放在世界的因果結構中，不需要追求更精確的定義。這麼做已經足以滿足我們的需要。我認為，『道德的』、『值得的』、『有罪的』或『負責的』這類詞彙也是如此，它們都屬於放射狀範疇，具有原型，也有我們不知道該怎麼描述的模糊邊界。」

我可以接受她的說法，但不用說也知道，她的建議並不被慕尼黑與會者接受。我告訴丘奇蘭德，部分是因為哲學家抗拒「或多或少」或「夠好了」這樣的說法。對他們來說，或多或少還不夠好。

「他們嚇得挺起身子，」丘奇蘭德說。「我說，好，你們給我一個真正的好例子，有什麼東西是在哲學內經過精確定義之後產生真正的進展，或者影響法律、科學、心理學的領域，只要給我一個例子就好。沒有嗎？符合必要與充分條件的意義是什麼？每個人到最後都只是在邊緣例子裡爭執，得不到令人滿意的答案。這就好像爭執荷蘭芹是不是蔬菜一樣。答案是什麼？如果答案不在柏拉圖的天堂，也不在我那些吃荷蘭芹的同儕中，那會在哪裡？」

即使是優秀的哲學家也會過分拘執在必要與充分條件的嚴謹形式上。最近法蘭克福有一本小書聲名大噪，書名叫《放屁》（*On Bullshit*），而且令人驚訝成為暢銷書。他寫道，「想對放屁的構成提供邏輯上必要而充分的條件，必定帶有獨斷的色彩。」我十分贊同。但是法蘭克福又說：「儘管如此，應該還是有可能提出有益的建議。」於是他又繼續詳述必要與充分的條件。[6] 然而，為什麼會有人想詳述這些**獨斷**的條件呢？重新閱讀這本書，我只能希望法蘭克福是在戲仿英美哲學對這種方

6 Harry Frankfurt, 'On Bullshit' in *The Importance of What We Care About* (Cambridge University Press, 1998), p.117.

法的偏愛，但就算真是如此，他也未曾明示。[7]

想知道否定必要與充分條件的取向對哲學正統構成多深的挑戰，我們可以思考在哲學中要「獲得進展」（making progress）的標準方法，也就是對邊緣例子進行檢視。以我先前提到的知識的三定義為例，知識是合理化的真實信念。哲學家測試定義，看定義是否適用於邊緣的例子。不意外地，他們發現無法適用，或至少適用得不是很好。例如，我可能基於合理的理由相信我看到的那個走進酒吧的人是約翰，因為我認識約翰，而那個人看起來像約翰，事實上他就是約翰。合理的理由、真實與信念，這三個條件都滿足了。但我不知道的是，約翰有個同卵雙胞胎兄弟，他比約翰早一分鐘走進酒吧。如果我早一分鐘看到他，我會以為是約翰走進酒吧，而我的判斷將是錯誤的。事實上我沒有看到他，而我在一分鐘後看到約翰，因此我的判斷正確只是因為我運氣好。我們因為運氣而相信的東西不能算是知識，對嗎？於是從這裡開啟了無止盡的遊戲：改善定義、想出更多反例來挑戰定義、再改善定義等等。

維根斯坦與洛許的挑戰在於，這整個過程完全錯了。如丘奇蘭德所言，「憑空設想反例來駁斥他人的定義，實際上就是在啃咬上層建築的支柱。這種事就連有趣都

7 Julian Baggini, 'Stirring Shit', *The Philosophers' Magazine*, 31 (2005), p.88.

談不上。」法學界有一句諺語是這麼說的：「麻煩的案子造就糟糕的法律。」看起來艱難的例子也同樣會造就糟糕的哲學。想從邊緣例子去理解事物的核心意義，無異緣木求魚，猶如想聽最好的爵士樂，卻跑到民俗歌曲的嘉年華會。

這類觀念還是無法讓擁有分析心靈的哲學家接受。「雖然我已經是個老太婆了，但我覺得自己像是哲學界的壞女孩，」丘奇蘭德說道。但我認為她對這個過程的主張是對的。這使得「責任」與「自由」的討論更難以捉摸。不只是程度的問題，甚至連適用在何種脈絡都不一定搞得清楚。處理這種模稜兩可令人感到挫折，但如果真實模糊外的選擇是虛假的精確，那麼我們就沒有選擇了。

沒有直覺是純粹的

自由意志的論辯為什麼一直無法結束，或許最根本的原因在於最終必須在兩派之間做選擇。其中一派拒絕放棄非現實的純粹自由意志形式，並且用盡所有哲學工具來捍衛自己的立場；另一派則主張較現實的自由意志觀點，如肯恩所言，許多人認為這是現實的「稀釋」版本。[8] 其他人則以較不客氣的口吻駁斥相容論對自由意

8 John Martin Fischer, Robert Kane, Derk Pereboom and Manuel Vargas, *Four Views on Free Will* (Blackwell, 2007), p.180.

志的描述。對哈里斯來說，相容論不過就是如此：「傀儡只要喜歡身上的線，就是自由的。」[9] 康德說這是「可悲的藉口」，威廉・詹姆士說這是「推諉的泥淖」，而華勒斯・馬特森（Wallace Matson）說這是「整個詭辯學派歷史上到處可見的改變主題謬誤中，最令人啞然失色的例子」。[10] 對許多人來說，相容論提出的自由意志遠不如他們自己尋求的自由意志來得吸引人，因此一派滿足於現有成果，另一派仍追尋著難以捉摸的理想，而我們夾在中間，莫衷一是。

對於自由意志的正確理解，沒有理由非得跟常識以為的自由意志完全相同。概念會演變，主張如果有人提出任何改變，就會改變主題，這種說法完全不合理。「想像在十四世紀的一場討論中，提到了水質分析，」瓦爾加斯說道。「如果有人宣稱：『自然哲學如果不能證明水質分析是對的，那麼水的意義就會遭到稀釋減弱！』這話聽起來實在毫無道理。」[11]

瓦爾加斯表示，「我們也許有自由意志，但它也許跟我們想的自由意志不同。」[12] 因此，他支持「修正主義」的自由意志概念，這個概念「可以視為相容論的一種」，是「常識的替代與升級版」。瓦爾加斯機智地說道，這個「修正主義自由意志甚至比真實的事物更好，依我看來，它擁有存在的比較利益」。[13]

9 Sam Harris, *Free Will* (Free Press, 2012), p.20.
10 John Martin Fischer, Robert Kane, Derk Pereboom and Manuel Vargas, *Four Views on Free Will* (Blackwell, 2007), p.45.
11 Ibid., p.209.
12 Ibid., pp.146-7.
13 Ibid., pp.215, 163, 210.

我曾經說過，我不認為純粹自由這種天真的觀念有多美好或多可取，我認為真實的自由要比有價值的自由來得重要。但我知道許多人不會被我說服，而人的想法也不可能一夕改變。當我跟丹內特討論這個問題時，他說：「這是我的人生寫照。」丹內特喜歡引用魔術師李・席格爾（Lee Siegel）的一段話，「我說我正在寫一本關於魔術的書，然後有人問我，真的魔術嗎？而講到真的魔術，一般人想到的是奇跡、奇幻的行為與超自然力量。不，我回答說，只是變戲法，不是真的魔術。換言之，真的魔術指的是現實中不存在的魔術，而現實中存在的魔術，也就是可以實際表演的魔術，並非真的魔術。」[14]

「對許多人來說，如果自由意志不是真的魔術，那麼它就不存在於現實，」丹內特說道。人們不會滿足於自由意志只是個平凡無奇的現實之物，也無法接受它不過是個依循物理定律的東西。「自由意志與意識在人們的想像與哲學的想像中，不斷被吹捧成為了不得的事物。如果有人貶損自由意志或意識，那麼如康德所言，他們說的不過是『可悲的藉口』。也許，自由意志不像人們以為的，是如此具壓倒性且言語難以形容的現象，但它依然存在於現實。」

許多人反對我提出的現實的自由意志觀點，這樣的反應對我來說不過是一種哲

14 Lee Siegel, *Net of Magic: Wonders and Deceptions in India* (University of Chicago Press, 1991), p.425.

學上的拍桌子抗議，堅持「兩者就是不一樣！」。許多博學多聞的專家都認為合理的描述，卻要看大家的臉色，彷彿這段描述並未掌握到關鍵要點？一般來說，哲學總會避免以人格來解釋理論差異，但我認為這種做法也可能忽略一件重要卻令人困窘的事實：沒有人會像柏拉圖描述的哲學理想那樣「完全依理而行」。[15]每個人至少都會受到自身傾向的影響。

自由意志懷疑論者斯米蘭斯基也表達類似的看法，他告訴我，自由意志的議題之所以複雜，「一部分是因為它是哲學，一部分是因為哲學家是人，他們來自不同的地方，有著不同的價值。即使不同的自由意志觀念有一致的地方，但有些哲學家在『習性上』（我找不到別的形容詞）傾向把門檻拉高，因此他們會說沒有自由意志；而有一些哲學家則會把門檻放低，明白表示有自由意志；還有一些人，例如我，會說自由意志很複雜，我們應該要有不同的門檻。我甚至認為就某種程度來說，有些人的個性傾向樂觀，有些人則傾向悲觀，因此他們會修改門檻，直到他們直覺上認為滿足為止。」

斯米蘭斯基持續思索樂觀主義與悲觀主義。但有研究提出經驗證據，顯示外向性與內向性和自由意志信念有關，而研究結論指出，「外向性在很大程度上預示，人

15 Plato, *The Republic* 394d (Penguin, 1974), p.152.

們有相容論與不相容論相互對抗的直覺。」[16]

許多人對這個觀念感到驚恐，因為它違反了即有的想法，也就是哲學針對的是論點，而不是發表論點的人。然而，只消閱讀偉大哲學家的傳記與自傳，就會發現他們的人格與他們的觀念緊密結合。例如，蒯因（W. V. O. Quine）回憶自己在學步時曾摸索如何從不熟悉的路回家，他認為這個經驗反映了「探索理論科學的興奮感：將不熟悉化為熟悉」。[17] 日後，蒯因醉心於跨越州界與國界，每當他到了新的地方，就會從清單上把它劃掉。保羅．費耶阿本德（Paul Feyerabend）回憶自己在十歲之前沉迷於魔術與推理小說，對於「構成我們世界的諸多奇怪事件」毫無興趣。[18] 只有對主體客觀性存有妄想的哲學家，才會對蒯因與費耶阿本德轉而寫出不同類型的哲學作品感到驚訝：蒯因處於形式的、邏輯的與系統化的傳統（不過他總是站在邊界）；費耶阿本德則是反化約與反系統化。大概只有非常信任哲學與哲學家的客觀性的人，才會認為費耶阿本德與蒯因完全是依照論證來決定自己的哲學立場，巧合的是，他們的天性明顯與他們達成的結論相符。[19]

斯米蘭斯基樂觀看待人格對哲學的影響，他相信進步的唯一方式，是讓人們走自己的路。「某方面來說，這就像過去說的，在什麼位置就該負什麼責任。你無法成

16 Adam Feltz and Edward T. Cokely, 'Do judgments about freedom and responsibility depend on who you are? Personality differences in intuitions about compatibilism and incompatibilism', *Consciousness and Cognition*, 18 (2009), pp.342–50.

17 W. V. O. Quine, *The Time of My Life* (MIT Press, 1985), p.9.

18 Paul Feyerabend, *Killing Time* (University of Chicago Press, 1995), pp.19-20.

19 見 Julian Baggini, 'Philosophical autobiography' *Inquiry*, vol. 45, no. 2 (2002), pp.1-18，本段完全從這裡引用。

為別人，你可以試著用不同的觀念理解別人，但最終來說，最有效的方式還是你必須盡可能用最好的方式，堅持並試著發展自己的立場，然後看看會發生什麼事，不管其他人是否覺得合理，也無論遭受多大的反對。」

除了人格，態度也會影響我們採取的立場。兩個人都同意以最好的方式描述我們的自由。其中一人抱持「夠好了」的態度，但這種態度對另一個人來說卻不夠好。我有時會把這種現象稱為語調問題。某人冷靜地說：「人類自由不過是一種依據固定與反思的信念與欲望，做出選擇與指導行動的能力。」另一個人也說了相同的話，但語調卻高八度且伴隨著不信任，句子的結尾還加上驚嘆號，此時「不過是」三個字反而帶有指責的意思，而非只是事實陳述。

我們看到哲學判斷不僅帶有思想因素，也帶有情感因素。「那確實是哲學在未達反思層面時的一項特徵，而我認為有好理由可以解釋這一點，」丹內特說。「哲學家的論證經常帶有情感，論證時也會流露情感，儘管如此，如果我們特別留意哲學家的情感面向，不僅危險，甚至可能近於冒犯。然而，情感元素確實存在，我自己就親眼目睹不少。我看到這種舉動引發的恐懼，使人們努力辯護自己動機不純的觀點，而與其說是辯護，不如說是築起深溝高壘避免正面迎敵，因為他們擔心一旦激辯可能會讓事態更為不利。我認為這種滑波謬誤下的恐懼，造成許多人傾向於矢口否認，不願意面對。」在自由意志這個議題上，每個人的想法都受到自身的習性與人格的影響，在終結論辯的決定性因素出現之前，各方意見恐怕還是會僵持下去。

主觀判斷還有另一個非常重要的面向。讀者應該可以發現，本書在好幾個地方提到人們對於自由意志的直覺。索默斯表示，「鑽研自由意志與道德責任的哲學家，幾乎都訴諸對原則與例子的直覺，然後再發展出與直覺協調的理論。」[20]

在這個脈絡下，對直覺最清楚的定義，其實是梅勒在念大學的時候學到的：「一個判斷或信念，通常是針對某個例子，盡可能不從你抱持的任何理論推導出來。如此你在思考時就會像讀了一篇故事一樣做出直接反應。」沒有直覺是純粹的。梅勒說：「我們絕大多數的判斷，或多或少取決於隱性的理論，因此是程度的問題。」直覺不需要在出生時裝設在腦子裡，或一輩子固定不變。直覺只是比思想早一步產生讓你感覺為真的答案、解決方式或解釋。

有人說，許多哲學論證過於仰賴直覺。例如，馬克・強斯頓（Mark Johnston）就曾批評人們仰賴他所謂的「個案方法」（mothod of cases），「個案是真實的，但想像卻是造出來的。彼此競爭的必要與充分條件……是根據它們是否與個案得到的直

20 Tamler Sommers, *Relative Justice* (Princeton University Press, 2012), pp.28-9.

覺一致來評估。」[21]令人擔憂的是，儘管論證十分用心，也詳細說明立場，但真正決定論辯勝負的卻是直覺。

更糟的是，我們不難找到這樣的例子：在相同的情況下，引發不同直覺的關鍵其實是呈現方式。譬如說，人們傾向於支持「救了十條人命」的政策，而非「未能挽救九十條人命」的政策，儘管這兩個政策是同一個政策：這場行動從一百個人當中救出十人。如強斯頓所言：「直覺怎麼能信呢？你看同樣的例子，居然能產生南轅北轍的反應。」[22]

直覺的確是許多哲學判斷的基礎。在我參加的一場自由意志研討會中，我看到絕妙的證據。發言者是該領域的佼佼者，有一名聽眾提問，他對提問人的問題感到懷疑，於是說道：「那是你的理論告訴你的，還是你真的這麼想？」這個問題引發眾人的笑聲，但確實是個認知的喜劇。這個笑話顯示聆聽者認為，無論對方提出多好的案例，他們真正的想法與相信為真的憑據，其實是他們的直接反應。然而，如果你直覺產生的觀點就是你真正的觀點，其他的反而是次佳的觀點，那麼這一切豈不成了蒙上思想外衣的遊戲？

21 Mark Johnston, 'Human Beings', *Journal of Philosophy*, 84 (1987), p.59.
22 Ibid., p.66.

非哲學家的相關直覺

前述例子確實帶出更廣泛的哲學問題，首見於柏拉圖的《美諾篇》（*Meno*）。在這場對話中，蘇格拉底一直試圖找出美德的真正意義。美諾逐漸相信，尋求你還不知道的事物，其實帶有悖論的因子。跟以往一樣，蘇格拉底清楚剖析了這個問題：「一個人既無法尋求他知道的，也無法尋求他不知道的。他無法尋求他知道的，因為既然他已經知道，又何必尋求；他無法尋求他不知道的，因為他不知道他要尋求什麼。」[23]

提到為某個事物尋求令人滿意的意義時，無論是自由意志、美德、知識或善，我們可以清楚看見當中出了什麼問題。有人提出看似合理的定義，然後我們會用我們認為這個概念應該囊括的例子來測試這個概念。如果定義符合，那麼人們會更願意相信這確實是個好定義。如果不符合，就需要修正。

這聽起來很合理，但奇怪的是，為了知道定義是否正確，在某種意義上你必須已經知道這個字詞的意思。然而，如果你已經知道這個字詞的意思，那麼你為什麼需要定義。難道你口袋裡沒有完美的答案？我們「已經知道」，這句話顯然不是指我

23 Plato, *Meno*, 80d (Hackett, 1980), p.13.

們努力思索得出的理論或定義。儘管如此，直覺的知道仍是我們判斷定義是否正確的最終判準（前提是它不能自我矛盾）。

這個問題是哲學處理的概念爭議所獨有的。它不是經驗性的問題，如科學或歷史。以物理學來說，暗物質是否存在不是定義問題。暗物質已經被定義，而後才藉由實驗觀察它是否存在。

理論上來說，自由意志的爭議跟這種狀況很類似。我們想出幾個可能的自由意志的定義，然後觀察是否有證據可以加以支持。不過在實踐上，定義卻是基礎。絕大多數人同意自由意志不存在（根據自由意志主義者的定義），但如果根據的是相容論者的定義，自由意志是存在的。這表示我們是否擁有自由意志這個問題，將會被簡化成哪個定義是對的，到最後，用來決定的憑藉不是更多證據，而是直覺。

這一切讓人感到很不滿意，因為它與哲學做為純粹理性探索，免於偏見、直覺與個人判斷的形象背道而馳。但我們不得不承認，直覺在哲學討論中扮演不可或缺的角色。在坦承這一點的同時，是否能避免哲學淪為個人意見的交換？

我想可以的。仰賴直覺不像我們所想的那麼糟糕。無論如何，如蘭道夫・克拉克（Randolph Clarke）所言：「在仔細考量之後，發覺直覺依然有符合真實之處，因此就算強調直覺所扮演的角色，也不違背理性思考。」畢竟直覺並非對新資訊與新論點無動於衷。直覺並非從出生時就固定不變。測試、探索與檢視直覺，觀察直覺造成的影響，總是有機會改變直覺。舉例來說，許多人第一次面對自由意志的論辯時，產生非常強烈的直覺，認為如果我們的思想與行動完全依據物理法則的話，則自由意志不可能存在。然而，當他們更仔細地檢視，發現決定論並不需要排除任何東西，以及意識是物理體系的新性質時（或者如泛心論者所言，意識潛伏在所有物理物質中），他們的直覺就會出現變化。

因此，理性思考與直覺之間存在著雙向對話，兩者彼此知會。斯米蘭斯基對我說：「如果你能合理連結兩件事物，就會讓事物看起來更符合理性。因此，如果你的理論預測出某種結論，而這個結論又恰好跟你的直覺相符，那麼兩者就相得益彰。」

然而，就算我們認為直覺扮演一定角色，我們還是會問：誰的直覺才算數？某些人才是比較可靠的目擊者嗎？長時間的苦思是淨化我們的直覺，或汙染我們的直覺？近年來，「實驗哲學」開始發展，主要流派採用測試的方法，藉此了解「一般人」是否真的具有哲學家所說的直覺。不是每個人都對這個主題懷抱熱忱。歐康諾表示，他對於這樣的調查理論不怎麼樂觀，一般人沒有受過哲學訓練，問他們對自由意志有什麼看法恐怕是白費工夫，而部分則是因為「我懷疑他們是否能精確說明自己的想法。要梳理出自己為什麼做出某種反應背後的原理，以及明確說明自己對某些概念的看法，是非常困難的事。我認為一般人總是處於內心衝突的狀態。而這也是哲學的價值所在，將一般的思想衝突帶上檯面，教導大家如何有系統且嚴謹地思考，而哲學家可不是天生就擅長做這種事。」

然而，納米亞斯卻認為我們有非常好的理由去思考一般人的直覺，因為這些人的觀點尚未受到學院的影響。如果問說，我們一開始為什麼對自由意志這個問題感興趣，答案是這個問題與「人們關切的其他事物有關，例如自主性、自我發展、創造力、道德、有意義的生活與人際關係」。因此，自由意志最重要的意義實際上與這些世俗的關切有關。如果我們感興趣的是日常生活的點點滴滴，那麼日常生活就應該成為討論重心。納米亞斯表示：「如果自由意志的論辯重心不是在技術概念，畢竟這只有受過訓練的哲學家的『專家』直覺才派得上用場，」那麼「非哲學家的相關直覺」就有發揮的餘地。[24]

這裡的重點是，如果直覺真的重要，那麼可能的話，我們不能只侷限在我們自

24 Eddy Nahmias, 'Intuitions about free will, determinism and bypassing' in Robert Kane (ed.), *The Oxford Handbook of Free Will* (Oxford University Press, 2011), p.557.

己的直覺。梅勒對我說：「我們也許太常思考大多數人怎麼思考我們怎麼思考，這才是我們該測試的。」

恥的文化與罪的文化

還有一個原因可以解釋，為什麼沒有任何自由意志理論獲得普遍的認同：我們的自由意志理論不是普世觀念，而是現代西方文化的產物。即使在西方內部，我們說過古希臘人缺乏現代的自由意志觀念，儘管他們的責任觀念跟自由意志十分類似。而證據顯示，今日世界各地的責任與自由觀念之間的差異，恐怕遠比西方歷史形成的差異還要來得巨大。

主要差異表現在自由意志與責任的關係上。索默斯認為，西方的責任觀念建立在所謂的「健全控制的條件上，也就是除非你對於所招致的結果扮演積極的角色，否則你不需要受到指責」。[25] 事實上，控制條件是顯然需要的。你怎麼可能為不是你做的事負責？

然而，「就像道德責任的直覺與信念一樣，」索默斯說道，「這種觀念並非舉世

25 Tamler Sommers, *Relative Justice* (Princeton University Press, 2012), p.2.

皆然。」他以美國韓裔社群對二〇〇七年四月嫌犯趙承熙在維吉尼亞理工大學開槍掃射的反應為例。趙承熙在造成三十二人死亡、十七人受傷之後飲彈自盡，這是美國歷史上單一槍手造成的最嚴重的傷亡事件。首爾一名六十五歲的紡織公司管理人洪成杓做出了典型韓國人的反應。「我們沒想到韓國人會犯下槍擊案，我們感到羞愧也感到憂心。」這種羞恥感使得南韓駐美大使禁食三十二天，代表向三十二名死難者致歉。[26]

許多美國人對此感到困惑，但報紙、電視節目或雜誌訪問的南韓專家都不約而同提出相同的解釋。「這是集體責任的觀念，」《韓國人》（*The Koreans*）一書作者麥可・布林（Mike Breen）說道。「我可以嗅到集體的罪惡感，」首爾漢陽大學歷史系教授林志弦說道。「在韓國，個人責任與民族責任混為一談。」索默斯的結論是，「韓國人不只為維吉尼亞大學的殺人犯感到羞恥，也覺得應該負起責任。他們希望道歉與贖罪。」[27]

心理學家理查・尼斯貝特（Richard Nisbett）蒐集各項證據，顯示這類深層的文化差異確實改變了人們的思考方式。尤其誰才是行為的實行者，往往因文化而異。「對西方人來說，」尼斯貝特表示，「是自我實行了行為；對東方人來說，行動是與

26 Jennifer Veale, 'South Korea's Collective Guilt', *Time*, 18 April 2007.
27 Tamler Sommers, Relative Justice (Princeton University Press, 2012), p.65.

他人共同實行的，或者說行動是自我在各種力量匯聚的領域中運作的結果。」[28]這表示東方人具有西方人缺乏的對「集體行動力」（collective agency）的感受。有鑑於此，我們就不用對東西方對控制條件有不同強調重點感到驚訝了。

韓國文化並非唯一毋須控制條件就課予責任的例子。索默斯引用約瑟夫・亨利克（Joseph Henrich）的說法：「人類學家普遍了解在最小規模的社會裡，即使不是故意行為，你也必須受到指責。」[29]在一些古老神話中，甚至明顯沒有控制條件。諸神操縱人類，使其產生意志做出某種行為，然後要求人類為自己做的事負責。因此上帝告訴摩西，當他去見法老時，「我要使他的心剛硬，他必不容百姓去。」在希臘神話中，阿伽門農（Agamemnon）被迫殺死自己的女兒，因為宙斯派了阿忒（Atë）擾亂了他的心智。儘管如此，索默斯說道：「雖然遭受限制與操縱，阿伽門農的妻子克呂泰涅斯特拉（Clytemnestra）與合唱隊仍要求阿伽門農必須為自己的行為負起道德責任。」這個判斷雖然「不完全不合邏輯」，但「從當代西方的角度來看，卻『違反直覺』」。[30]

當然，我們無法因此推論出沒有控制條件的責任與有控制條件的責任孰優孰劣。斯米蘭斯基在回應這些例子時，認為現代西方的個人責任觀念勝出。「控制是責

28 Richard E. Nisbett, *The Geography of Thought* (Nicholas Brealey Publishing, 2005), pp.6, 158.
29 Tamler Sommers, *Relative Justice* (Princeton University Press, 2012), p.51.
30 Ibid., pp.54-5.

任的條件，由此來施予賞罰，我認為這個基礎觀念是個了不起的發現，」他說道，這個觀念的根源可以追溯到聖經，「不可因子殺父，也不可因父殺子，凡被殺的，都為本身的罪。」因此，「如果某些文化真的不尊重這種基本的道德原則，後果就由他們自己來承擔；就我來看，他們的道德表現可說是非常糟糕。懲罰未犯罪的人，除非當中有什麼不為人道的故事，不然只是一種野蠻的行徑。」

斯米蘭斯基也許是對的。然而，把未建立在健全控制條件上的責任觀念一律說成是未開化或錯誤的，這樣的判斷過於輕率。從比較正面的角度來看，責任並不是某種道德基本觀念，它與社會實踐息息相關。因此，隨著社會環境不同，責任會在外觀上出現小小變化。

以韓國為例，如果以標準的人類學區分來看，關鍵在於韓國是「恥的文化」（shame culture）而非「罪的文化」（guilt culture）；南亞與東亞通常如此。恥的文化強調榮譽與面子，通常是以集體的形式表現。罪的文化則重視個人與良知。所以索默斯說道：「如果行動者在恥的文化中違反了規範，但犯行未被揭穿，則行動者不太可能為自己的行為負責；反觀在罪的文化中，行動者傾向於要為自己的行為負責，無論犯行有沒有曝光。」[31]

31 Ibid., p.64.

對於在罪的文化中成長的人來說（主要是基督教世界，但不是每個地方都如此），恥的文化看起來相當古怪。但我們不難看出罪的文化經過邏輯推演之後產生的種種荒謬。舉例來說，我們現在已經知道先天與後天的重要性，要求個人為自己所做的一切壞事負責，難道真的不合理？控制條件聽起來有道理，但沒有人能完全合乎這個條件，因為我們是誰、乃至於我們做的事，其中的各種因素並不是完全由我們決定。

從這一點來看，恥的文化之所以不同，不在於他們缺乏控制條件，而是他們把控制歸給比個人更為廣大的事物。韓國人認為自己應該為趙承熙的暴行負責，因為他們認同趙承熙是韓國文化的產物，而不是在真空活動的原子化的個人。

恥的文化與罪的文化不是各異的模式，而是光譜的兩端。不要過於極端，才是比較健康的做法。讀者也許還記得我之前提過的大臣責任，這種個人扛責的作風，看在高度個人主義罪行模式的眼裡也許不盡合理。但或許正因如此，才使這個做法成為優良的傳統。健康的社會需要從各個不同層面來看待責任，有集體的，也有個人的，然後採取適合特定個案的做法。

從本章的討論來看，對於哲學家或實際進行哲思的人，在短期內不太可能對自由意志達成共識，我們不用感到太過訝異。然而，這不表示我們無法對這項爭議達成某種形式的和平協議。參與論辯的各方都必須接受幾項關鍵點。

首先，不只存在著一個自由意志的觀念，因此輕易就去駁斥自己反對的觀念，認為那「不是真正的自由意志」，這種做法並不可行。其次，有許多觀念與自由意志息息相關，例如責任，這些觀念本身就有不同的演變形式，有些與文化有關。我們不需要平等看待所有的觀念，但我們不能因為意見不同，就予以忽視或貶抑。第三，我們必須在哲學上有所成長，我們應該接受環繞在自由意志周圍的這些觀念，儘管它們不可避免有點不太精確與模糊。有時我們就是得用「夠好了」這樣的判準。

如果我們能接受上述觀念，我認為我們就能接受已經有適當的自由意志與責任觀念，可以協助我們思考如何掌控自己的生活，以及了解這些控制的界線。自由意志的討論還未結束，但我們確實已經能夠達致最重要的結論。那就是我接下來要談的。

09 侍者

我在本書裡提到的對話，許多是在餐廳與咖啡廳裡進行的。每次對話時我都會想起沙特的說法，他以侍者為例，說明我們如何拒絕自由。沙特的侍者非常拘執在自己的角色，因此他變得像機器人一樣，把自己降格成世間的客體，而非能夠自主選擇的主體。

「他的動作敏捷而且早一步，有點太精確，有點太快，」沙特寫道。「他搶先一步來到主顧面前，過分殷勤地彎腰鞠躬；顧客點餐時，他的嗓音與眼神散發出過多的熱心。終於，他調頭回來，走路像機器人一樣僵硬。」[1]

沙特的侍者是個典型的例子，顯示我們如何說服自己相信，我們其實沒有那麼多選擇，我們是環境的囚徒，我們的本質就是如此。沙特想像自己是那名侍者，他

1 Jean-Paul Sartre, *Being and Nothingness*, trans. Hazel Barnes (Washing ton Square Press, 1984), pp.59-60.

說他會表現得「彷彿我沒有辦法讓我的職責具有價值感與急迫感，彷彿我無法自由選擇每天早上五點起床，還是冒著被開除的危險繼續賴床」。沙特把這種否認自身自由的念頭，稱為「壞的信念」（bad faith）。我們陷入這種狀態，是因為我們不喜歡伴隨自由而來的責任。每當我們告訴自己「我沒得選擇」時，我們是想推卸責任，不願意為自己的行動所造成的結果負責。因此不難想見沙特對於神經學家與社會學家各種否認自由意志的說法做何感想。只要說「是大腦叫我做的」或「我是這樣子被養大的」，就可以免除責任。

儘管沙特的例子非常具說服力，但他舉侍者為例卻對侍者不盡公平。我認為侍者在工作之外也有自己的人生，在工作領域之內他只是善盡職責。如果有侍者跟沙特說的侍者完全相反，那麼他一定不是好侍者。我們都曾有過這樣的經驗，走進餐廳，侍者慢吞吞地過來招呼，鞠躬時心不甘情不願，點餐時口氣與眼神彷彿事不關己。

沙特的例子也有點過時。他解釋說，這名侍者扮演著社會角色，他不能有一丁點兒逾越自己身分地位的想法，正如「雜貨店老闆做白日夢會冒犯客人，因為如此一來他就不完全是雜貨店老闆了」。時至今日，我們的想法剛好相反：侍者理所當然不完全是侍者，當他的班表結束後，他可以去世界各地旅行，或信手彈起吉他。真正冒犯客人的，是侍者在服務時表現得好像他不想做這件事。事實上，如果為我們服務的侍者完全就是個侍者，沒有別的生活，我們還會感到不安。

沙特的論點還有一個嚴重問題，那就是他高估了我們的自由程度。雖然我們確實很容易逃避責任，但同意我們的選擇嚴重受限於過去與現在的生物、心理與社會條件，絕非壞的信念。對我來說，沙特想法的有用之處，在於他指點了一條可供我們追求的方向。我們不應專注於不是我們所能控制的事物，因為這麼做會限縮我們的自由；我們應該探索實際上可以控制與改變的事物，並且接受我們無法控制與改變一切事物的現實，如此才能擴充我們的自由。畢竟我們只能在非我們創造的真實世界的限制下自由生活。

肯恩・吉姆斯（Ken Gemes）在廣播節目上討論自由意志時，把這個道理說得很清楚。他指出尼采跟休謨一樣，認為自由行動源自於人的性格。然而，與休謨不同的是，尼采不認為每個人都有性格，也就是擁有「一個穩定的、統一的與一貫的驅力階序（hierarchy of drives）」。[2] 從這個意義來說，我們可以套用法蘭克福的術語，那就是只有擁有和諧的一階與二階欲望的人才具有性格。這使得自由意志成為

2 'Nietzsche on Free Will, Autonomy, and the Sovereign Individual', Ken Gemes in *Nietzsche on Freedom and Authority*, eds Ken Gemes and Simon May (Oxford University Press, 2009), p.38.

「稀罕的傑出特質，而非天生的稟賦」。[3] 這不是什麼新的觀念。弗雷德曾在上古時代的觀念中發現類似的說法。「這對意志的觀念相當重要，認為意志是一種需要發展、培養與完善的能力，」他寫道。「人可以從選擇中不斷改善自己，但也可能從選擇中讓自己趨於墮落。」[4]

吉姆斯是對的。當我們思索自由意志時，我們所做的不只是探索它，了解它是不是真的存在，而是思考自己該做什麼才能讓它成真。

為了獲得更多自由，我們必須從了解自由意志開始。不幸的是，我們必須從滿布錯誤概念的灌木叢著手。近年來，由於抱持天真哲學觀點的科學家在自由意志論辯上大行其道，因此這片灌木叢的棘刺更多了，枝葉也更茂密。為了走出這片灌木叢，我們必須剪除麻煩的枝葉。這表示我們必須拒絕與自由意志有關的十個迷思。這些迷思以及針對這些迷思所做的修正，便是本書的核心論點。

關於自由意志的迷思

迷思一：「除非在選擇的那一刻你可以做出不同的選擇，否則就不能說你可以

3 Ibid., p.321.
4 Michael Frede, *A Free Will* (University of California Press, 2011), p.8.

自由選擇。」除非我們把選擇化約成隨機或反覆無常的過程，否則這樣的能力不可能成立。在選擇的那一刻，你做的選擇是你唯一能做的選擇。你覺得自己可以做出其他的選擇，其實只是一種幻覺。但這不表示選擇是不自由的。我們說選擇是自由的，意思是說那是你在未受強迫下，基於自己的價值與信念所做的選擇。此外，它也是指你具有可以在其他時候做出不同選擇的能力。關鍵概念不是「行為當時有可能做出其他的選擇」，而是「一般而言可以做出其他的選擇」。

迷思二：「如果你的選擇可以預測，那就不是自由的選擇。」自由的選擇可以是完全可預測的。如果你熟識某人，你可以知道他會做出什麼樣的自由選擇。如果你可以看穿未來，你可以知道自由的人如何選擇。如果只是因為你可以，便隨心所欲地改變未來，這樣的能力無價值可言。

迷思三：「如果一個人無法在行動當時做出不同的選擇，那麼他就不需要為自己的行動負責。」責任不是取決於有能力做出與原本不同的選擇，而是取決於對自己的行為有一般的控制能力，而且有能力改變自己的行為。這種責任不是我們可以直接擁有或無法擁有的東西。責任是我們加諸在對方以及自己身上的東西。自由是擁抱責任，而非規避責任。

迷思四：「如果你的選擇是自由的，你一定意識到自己做了這個選擇。」我們在不自覺或無意識間做了許多選擇，但它們依然是自由的選擇。這在藝術家身上看得最清楚，他們往往不知道自己的想法是怎麼來的。但這些創造性的「選擇」是自由的原型，而非反例。

迷思五：「如果你的選擇是自由的，你一定知道自己為什麼做這個選擇。」即使是自由的選擇，就某個意義來說也會讓做出選擇的人感到神祕難解。自由不是以我們必須從裡到外透澈了解自己為要件。

迷思六：「你必須選擇自己的信念，才叫思想自由。」在純粹且無條件的選擇下，沒有任何信念比其他信念更值得選擇。而要做到思想自由，必須有充分的資訊以及不受任何壓迫。自由地相信顯然為真的事物，是順從於理性的必然性，無關行使獨立的意志能力。

迷思七：「神經科學要證明或已證明，自由意志是幻覺。」科學只是更清楚地說明，某些對自由意志的普遍誤解是錯誤的，也就是把自由意志視為逃避物質世界因果必然性的出口。然而，要證明這一點並不需要科學，因為光是概念本身就已經前後不一致。自由意志只需要科學確認人類是自我組織、自我管制的有機體，人類有意識的信念、欲望與思考會影響自身的行動。科學不僅無法挑戰這個說法，還予以支持。

迷思八：「不受我們控制的事物會削弱我們的自由。」正好相反，我們最珍視的自由，就在於我們無法改變的事物：愛人的自由，相信二加二等於四的自由，追求我們不得不支持的價值的自由。

迷思九：「自由是單一的一種能力。」自由或多或少牽涉到自發性、原創性、有意識的思考，以及獨立不受他人控制。有些人在缺乏政治自由的狀況下，以極端的方式表現他們的自由意志。有些人以缺乏原創性或創造性的方式來行使他們的自由；有些人則極具創造性，但少有思想上的反思。這些人各自以不同的形式來表現自由。

迷思十：「人要麼有自由意志，要麼沒有自由意志。」自由意志是程度的問題。自由意志是我們或多或少具有的能力；可能增加，也可能減少。健全發展的自由意志不是與生俱來，而是需要努力爭取。

自律與責任

道德哲學家沃爾夫提出一個非常重要的看法，與我支持的自由意志觀念若合符節。「自由的條件無法以價值中立的詞彙加以陳述，」她說道。「因此，自由意志的問題被當成純粹形上學的問題來表達是一種錯誤。」[5] 如果對於自由意志的適切描述不只是描繪，而是成為我們渴望成為的人的一種處方，那麼自由意志就成為政治學與倫理學的議題，而不只是科學與形上學。

當我們想把人類自由提升成政治目標時，通常會想到解除暴政枷鎖這個有限的目的。然而，過去的社會改革者也看出教育、醫療與社會安全的重要性，認為這些可以促進更積極的自由。不過在賦能的國家與不受拘束的公民這兩個孿生想望之間，存在著緊張關係。成熟的政治必須接受兩者都有其價值，而不是把國家的一切干預合理化為協助人民實現自身潛力的手段，或者反過來責難一切政府的舉措，認為這是對民眾自由不可接受的侵害。

這種追求平衡的行動，通常表現在積極與消極自由的取捨：也就是免於壓迫的自由與追求發展的自由。然而，我不認為這裡的問題是如何協調兩個不同的政治自

5 Susan Wolf, 'Asymmetrical Freedom' in Derk Pereboom (ed.), *Free Will* (Hackett, 2009), p.237.

由觀念，而是應該提出單一且更連貫的自由觀念，並且思考我們的政治如何讓這個自由觀念繁盛。

以下是我的想法。我認為，自由就是極大化我們真的可以擁有的自律與責任，另一方面也接受我們無法控制的事物。國家的主要角色是讓我們盡可能擴大這種自由。這裡指的不是在一百種早餐麥片中做選擇的空洞自由，而是培養自律與自我管制的能力。意思是說，無論在什麼地方，都應該把民眾當成自律的、能負責任的公民，而不是需要國家照顧的臣民。

當然，我們無法輕易得知在任何既有脈絡下，民眾有多少能力可以管理自己。為了「尊重人民的自律」，於是扔下未受過指導、學習有障礙的民眾不管，這麼做難道不會太殘酷？一些精神有問題的人難道不需要被隔離，違背他們的意願把他們送進精神療養院？這些都是相當困難的問題，我不願佯裝自己足夠了解這些問題並做出判斷。但我認為，當我們必須決定偏向哪一邊時，應該傾向於自由這一邊，哪怕可能做得太過。過度誇大我們失去控制力，可能造成的風險相當高。回顧歷史，我們看過太多民眾被關起來或強迫接受治療，美其名是為了他們好。

認為自己無法控制自己，這種想法反而會削弱自制的能力。除非把責任放在我們的肩上，否則我們不可能學會負起責任。因此，國家在採取行動時，必須留意行動時的假定，不能以為民眾要比自己所想的更沒有能力管理自己。教育與刑事司法制度不能過度強調民眾是基因與後天教養的產物。當然，這些因素都應該列入考慮。但我們必須避免對罪犯做出粗糙的區分，認為他們要不是應該對罪行完全負責，要不就是基因、教養與環境的受害者。如果想透過懲罰讓犯人養成自由的觀念，那麼就必須保留責任的意義，就像懲罰也牽涉到社會復歸，如此可以讓犯罪者變得更加自律。

一些自由意志主義者喜歡在此打住，只強調國家應該鬆手的程度，但這種想法忽略了我們的自由受到極度限制。我認為國家扮演的角色，是消除社會的不公不義，而這些不公不義多半來自於民眾無法控制也無法負責的事物。我們並不是靠著自由意志決定出身富貴或貧賤、腦袋聰明或愚蠢、肢體殘障或體弱多病。自然不會根據任何正義原則來分配天賦。人類文明的偉大成就是發展出倫理道德。從倫理道德的角度來看，事物原本的狀態不必然是應有的最佳狀態，而符合自然不一定就是好事。所以，當出現純粹因出身而不平等的現象時，我們不予接受，而且要運用國家機制加以改善，這就是一種道德成就。

此外，國家的工作是協調唯有透過民眾合作才能實行（或實行得更好）的行動。交通運輸的基礎建設是個顯例，教育與醫療亦然。我們總是質疑，與企業相比，國家能否稱得上是較佳的公共財提供者，但沒有明顯的理由證明國家會比企業更容易侵害民眾自由。國家組織必須向全體選民負責，而企業只需要向帶著錢任意移動的消費者負責。

更有爭議的是，我找不出理由說明為什麼我們不能自由決定限制自己的合法行動自由。正如荷馬（Homer）的尤利西斯自由選擇把自己綁在桅杆上，這樣他就不用光憑意志力來對抗賽倫妖（Sirens），我們也可以自由選擇限制某些商品的販售或廣告，使我們不希望出現的誘惑源頭從公共空間被移除。管制也可以對我們的時間設下限制。「買者自慎之」（caveat emptor）是保障個人自主的好原則，但我寧可放棄一點自主性，支持增訂一些合理的衛生與安全法規，這樣我就不必擔心醫生是否有能力，或我的新暖爐會不會爆炸起火。

簡言之，我們可以看到國家的角色不是平衡積極與消極自由，而是協助改善個人自由選擇所無法控制的社會問題，並且協調民眾之間的自由選擇。國家應該做到這兩件事，以最大化民眾的能力，使他們能成為負責而有自主性的行動者。

這項建議與當前流行的觀念大相逕庭，後者認為政府應該提升國內幸福指數，而非國內生產毛額；應追求福祉，而非國富。我不認為會有許多人真心支持政府最重要的事是提升國內生產毛額。另一個選擇顯然較有吸引力，但它隱含著對自主性的威脅，也就是說，除非你對人類福祉有一定的想法，否則你不可能追求這種政策。這種觀念通常帶有強烈的價值色彩。提升福祉聽起來讓人難以拒絕，然而當你發現這可能意謂著鼓勵婚姻、宗教信仰或知足常樂，而非努力改變社會時，恐怕你會有不同的看法。

還有一個選擇雖非價值中立，但至少價值色彩較淡。關於這個選擇，最好的說明是阿馬蒂亞・沈恩（Amartya Sen）與瑪莎・納思邦（Martha Nussbaum）所發展的能力取向。他們認為國家發展的評估必須依據國家讓民眾能夠依照自己的選擇發展的程度而定。這表示衡量的基準不只是國內生產毛額，還包括醫療衛生、性別平等、結社與宗教自由；不過國內生產毛額也很重要，畢竟平均而言越富有的國家，民眾越能得到發展。重點是提供堅強的社會基礎，讓民眾追求自己心目中的好生活，而非試圖將社會建立在單一的願景上。[6]

6 例見 Martha Nussbaum, *Women and Human Development: The Capabilities Approach* (Cambridge University Press, 2001)。

有能力為自己做出選擇以及形塑自己的未來，已經成為思考自己與他人時的普世而核心的主題。這種感受既不完全是幻覺，也不像看起來那樣真實。自由雖然免於神經學家與決定論者的殘害，但仍有一段改變的過程要走。

首先，最重要的是，我們必須放棄自由意志主義的觀念，以為我們可以做出完全不受過去影響的選擇。這是好事，因為我們很難了解這種能力怎麼可能存在，而就算真的有這種能力，我們也不知道這種能力有什麼用。此外，有人認為自由意志主義的自由意志信念，是道德與目的行動的核心，這種說法其實沒什麼道理。如索默斯所言：「沒有證據顯示，自由意志主義與道德責任的信念對於金恩、甘地，以及一些願意冒生命危險幫助他人的無名英雄，有任何一絲影響。」[7]

現代作家討論自由意志時，經常借用波赫士（Borges）歧路花園的意象來說明。在這個隱喻中，未來總是有超過一個以上的可能，而自由就是為自己選擇其中一條路。費雪問道，如果這個「自然而直觀的觀點」是錯的，該怎麼辦？他認為事

7 Tamler Sommers, *Relative Justice* (Princeton, University Press, 2012), p.127.

情可能不像我們想的那麼嚴重。「在這個例子裡，真正重要的是往前走，如何順著那條路前進，」他寫道。「當我們懷抱勇氣或適應或同情，走上這條生命小徑時，我們很可能（就我們所知的一切來看）無法做出什麼影響，但我們確實可以做出獨特的表態。」[8]生命最重要的是做什麼以及怎麼做，而不是我們也許可以做出跟原本不同的選擇。

現實的自由意志觀點確實要求我們進一步理解，什麼是我們無法選擇的。但這麼做不致於讓我們感到絕望。雖然我認為哈里斯否認自由意志是錯的，但哈里斯也說了，只要能謙卑地接受自由意志有其侷限，反而能讓我們成為更好的人。「少了自由意志的觀念，反而提升了我的倫理觀，」他寫道，「我變得更有同情心也更寬容，也不再認為自己可以理所當然地享受好運的果實。」[9]

這些都有經驗可資佐證。我們對於別人的行為了解越少，認為他們的做法只是基於一時的念頭，就越可能做出嚴苛的批評。了解越多，越能做出好的、符合真相的判斷。想想跟你關係最近的人。經過長期的相處，你會知道你愛的人很難做出改變，而你也知道原因。但這不代表你不愛他，或不再關心他。你只是知道人的侷限在哪裡，而你的愛也變得深刻。

8 John Martin Fischer, Robert Kane, Derk Pereboom and Manuel Vargas, *Four Views on Free Will* (Blackwell, 2007), p.82.
9 Sam Harris, *Free Will* (Free Press, 2012), p.45.

我們不需要特定的自由意志概念，也能感覺到自己擁有自由意志。弗雷德強烈支持這個看法，因為他在分析古代自由意志的觀念之後，也得到相同的結論。他發現古代幾乎不存在自由意志這個觀念。由其他的自由觀念取代了自由意志的位置，雖然這些觀念在細節上有許多瑕疵，但弗雷德認為「相當吸引人」。自由觀念的核心是，要過好的生活就要做出正確的選擇，然而我們因為「錯誤的信念或非理性的依戀或厭惡」，而無法做出這樣的選擇。自由是讓自己從這些事物中解放，而我們能做到這一點是因為，「這個世界並未有系統地將信念、依戀與厭惡強加在我們身上。」

我支持的現實的自由意志觀點，是在適當的人類尺度下理解自由的觀念。這個觀點走在相信人類是不受束縛的、完全自由的行動者的傲慢心態，與相信人類只是自然律的傀儡的宿命論之間。這個觀點鼓勵我們同情他人，承認他人無法為自己是誰負完全責任，但我們還是必須要求他們負責，鼓勵他們盡可能掌控自己的命運。這個觀點也讓我們接受有許多事並非出於我們的選擇，但正因如此我們才有可能以自己的能力做出任何選擇。迷思與幻覺環繞著自由意志，但自由意志本身絕不是幻覺。自由意志就像我們感覺自己已經準備好要做決定一樣真實。

致謝

感謝編輯貝拉・萊西（Bella Lacey）仔細而純熟地評論我的初稿，感謝前任編輯莎拉・霍洛維（Sara Holloway）與我的經紀人莉茲・克里默（Lizzy Kremer）推動這次計畫。感謝珍妮・佩吉（Jenny Page）仔細剔除文章中過時與不夠好的文字。感謝Grata團隊，包括伊恩・恰波（Iain Chapple）、莎拉・達西（Sara D'Arcy）、克里絲汀・羅（Christine Lo）、柯林・米德森（Colin Midson）、艾登・歐尼爾（Aidan O'Neill）、安傑拉・羅斯（Angela Ross）、莎拉・衛斯里（Sarah Wasley），始終如一的支持。

感謝所有接受本書訪談的人士：葛文・阿德席德、安德烈・阿里雅克桑卓、派翠西亞・丘奇蘭德、蘭道夫・克拉克、艾琳・克雷芬（Eileen Craven）、丹尼爾・丹內特、大衛・伊格曼、伊斯梅爾・艾因納許、佛格斯、哈利・法蘭克福、瑪格麗特・胡柏（Margaret Hooper）、安・傑瑞米亞（Ann Jeremiah）、馬建、艾爾・梅勒、肖恩・尼科爾斯、提摩西・歐康諾、格瑞森・佩里、彼得、愛德華・里茲、拉赫拉・希帝奇、索爾・斯米蘭斯基、提姆・斯佩克特與茱蒂・塔波特（Judy Tabbott）。查禁目錄組織（Index on Censorship）的瑞秋・裘利（Rachael Jolley）協助我與異議人士進行討論，倫敦國王學院雙胞胎研究所的維多莉亞・瓦斯奎（Victoria Vasquez）為我引見了好幾對雙胞胎。許多人提供了協助，我無法一一羅列，謹在此表示歉意。

最後，感謝比我傑出的另一半安托妮亞長久的支持與鼓勵，與她的無數談話，啟發我對本書議題的靈感。

國家圖書館出版品預行編目資料

你以為你的選擇真的是你的選擇？關於自由意志的哲學思考
朱立安．巴吉尼 JULIAN BAGGINI 著　黃煜文 譯
二版．-- 臺北市：商周出版：家庭傳媒城邦分公司發行
2023.01　面；　公分
譯自：FREEDOM REGAINED: The Possibility of Free Will
ISBN 978-626-318-485-5（平裝）
1. CST：決定論

169.2　　111017964

你以為你的選擇真的是你的選擇？關於自由意志的哲學思考

原書書名／FREEDOM REGAINED: The Possibility of Free Will
作　　者／朱立安．巴吉尼JULIAN BAGGINI
譯　　者／黃煜文
責任編輯／陳玳妮
版　　權／林易萱

行銷業務／周丹蘋、賴正祐
總 編 輯／楊如玉
總 經 理／彭之琬
事業群總經理／黃淑貞
發 行 人／何飛鵬
法律顧問／元禾法律事務所　王子文律師
出　　版／商周出版
台北市 104 民生東路二段 141 號 9 樓
電話：(02) 25007008　傳真：(02)25007759
E-mail：bwp.service@cite.com.tw
Blog：http://bwp25007008.pixnet.net/blog
發　　行／英屬蓋曼群島商家庭傳媒股份有限公司 城邦分公司
台北市中山區民生東路二段 141 號 2 樓
書虫客服服務專線：02-25007718；25007719
服務時間：週一至週五上午 09:30-12:00；下午 13:30-17:00
24 小時傳真專線：02-25001990；25001991
劃撥帳號：19863813；戶名：書虫股份有限公司
讀者服務信箱：service@readingclub.com.tw
城邦讀書花園：www.cite.com.tw
香港發行所／城邦（香港）出版集團有限公司
香港灣仔駱克道 193 號東超商業中心 1 樓；E-mail：hkcite@biznetvigator.com
電話：(852) 25086231　傳真：(852) 25789337
馬新發行所／城邦（馬新）出版集團 Cite (M) Sdn. Bhd.
41, Jalan Radin Anum, Bandar Baru Sri Petaling, 57000 Kuala Lumpur, Malaysia.
Tel: (603) 90563833　Fax: (603) 90576622　Email: service@cite.my

封面設計／鄭宇斌
排　　版／新鑫電腦排版工作室
印　　刷／卡樂彩色製版印刷有限公司
總 經 銷／聯合發行股份有限公司
電話：(02)2917-8022　傳真：(02)2911-0053
地址：新北市 231 新店區寶橋路 235 巷 6 弄 6 號 2 樓

■ 2016 年 9 月 01 日初版
■ 2023 年 01 月 03 日二版
■ 2023 年 02 月 09 日二版 2 刷
定價 400 元

Printed in Taiwan

Originally published in English by Granta Publications under the title *Freedom Regained: The Possibility of Free Will*, copyright © 2015 by Julian Baggini
Julian Baggini asserts the moral right to be identified as the author of this Work.
Complex Chinese translation copyright © 2016, 2023 by Business Weekly Publications, a division of Cité Publishing Ltd.
Published by agreement with Granta Books through the Chinese Connection Agency, a division of The Yao Enterprises, LLC.
ALL RIGHTS RESERVED 著作權所有，翻印必究

ISBN 978-626-318-485-5

城邦讀書花園
www.cite.com.tw

商周出版

廣 告 回 函
北區郵政管理登記證
北臺字第000791號
郵資已付，免貼郵票

104　台北市民生東路二段141號2樓

英屬蓋曼群島商家庭傳媒股份有限公司城邦分公司　收

請沿虛線對摺，謝謝！

商周出版

書號：BP6021X　　書名：你以為你的選擇真的是你的選擇？ 編碼：

請於此處用膠水黏貼

商周出版

讀者回函卡

感謝您購買我們出版的書籍！請費心填寫此回函卡，我們將不定期寄上城邦集團最新的出版訊息。

不定期好禮相贈！
立即加入：商周出版
Facebook 粉絲團

姓名：＿＿＿＿＿＿＿＿ 性別：□男 □女

生日：西元＿＿＿＿年＿＿＿＿月＿＿＿＿日

地址：＿＿＿＿＿＿＿＿

聯絡電話：＿＿＿＿＿＿＿＿ 傳真：＿＿＿＿＿＿＿＿

E-mail ：

學歷：□ 1. 小學 □ 2. 國中 □ 3. 高中 □ 4. 大學 □ 5. 研究所以上

職業：□ 1. 學生 □ 2. 軍公教 □ 3. 服務 □ 4. 金融 □ 5. 製造 □ 6. 資訊
□ 7. 傳播 □ 8. 自由業 □ 9. 農漁牧 □ 10. 家管 □ 11. 退休
□ 12. 其他＿＿＿＿＿＿＿＿

您從何種方式得知本書消息？

□ 1. 書店 □ 2. 網路 □ 3. 報紙 □ 4. 雜誌 □ 5. 廣播 □ 6. 電視
□ 7. 親友推薦 □ 8. 其他＿＿＿＿＿＿＿＿

您通常以何種方式購書？

□ 1. 書店 □ 2. 網路 □ 3. 傳真訂購 □ 4. 郵局劃撥 □ 5. 其他＿＿＿＿

您喜歡閱讀那些類別的書籍？

□ 1. 財經商業 □ 2. 自然科學 □ 3. 歷史 □ 4. 法律 □ 5. 文學
□ 6. 休閒旅遊 □ 7. 小說 □ 8. 人物傳記 □ 9. 生活、勵志 □ 10. 其他

對我們的建議：＿＿＿＿＿＿＿＿

【為提供訂購、行銷、客戶管理或其他合於營業登記項目或章程所定業務之目的，城邦出版人集團（即英屬蓋曼群島商家庭傳媒（股）公司城邦分公司、城邦文化事業（股）公司），於本集團之營運期間及地區內，將以電郵、傳真、電話、簡訊、郵寄或其他公告方式利用您提供之資料（資料類別：C001、C002、C003、C011 等）。利用對象除本集團外，亦可能包括相關服務的協力機構。如您有依個資法第三條或其他需服務之處，得致電本公司客服中心電話 02-25007718 請求協助。相關資料如為非必要項目，不提供亦不影響您的權益。】
1.C001 辨識個人者：如消費者之姓名、地址、電話、電子郵件等資訊。
2.C002 辨識財務者：如信用卡或轉帳帳戶資訊。
3.C003 政府資料中之辨識者：如身分證字號或護照號碼（外國人）。
4.C011 個人描述：如性別、國籍、出生年月日。

請於此處用膠水黏貼